近代人文社會科學譯著（第二輯）

熊月之 主編

教育學史

[日] 金子馬治 著

陳宗孟 譯

上海科學技術文獻出版社

图书在版编目（CIP）数据

教育学史 / 熊月之主编．—上海：上海科学技术文献出版社，2023

（近代人文社会科学译著．第二辑）

ISBN 978-7-5439-8768-5

Ⅰ．① 教…　Ⅱ．①熊…　Ⅲ．①教育史—中国　Ⅳ．① G529

中国国家版本馆 CIP 数据核字 (2023) 第 033367 号

策划编辑：张　树
责任编辑：王　珺
封面设计：徐　利

教育学史
JIAOYUXUESHI
熊月之　主编
出版发行：上海科学技术文献出版社
地　　址：上海市长乐路 746 号
邮政编码：200040
经　　销：全国新华书店
印　　刷：商务印书馆上海印刷有限公司
开　　本：889mm×1194mm　1/32
印　　张：5.625
版　　次：2023 年 3 月第 1 版　2023 年 3 月第 1 次印刷
书　　号：ISBN 978-7-5439-8768-5
定　　价：68.00 元
http://www.sstlp.com

近代人文社會科學譯著（1807—1919）序言

熊月之

一

人文社會科學，包含人文學科與社會科學兩類。〔一〕

〔一〕人文學科之所以稱『學科』而不稱『科學』，因爲通常所説的科學（science），主要指以物爲研究對象、可以通過實驗進行驗证的自然科學，而人文學科則以人爲研究對象，具有個别、私人、主觀性質，無法驗证。自然科學與人文學科處於比較的兩端，差异較大，而社會科學與自然科學之間，差异較小，且在取向、知識生産模式、研究方法等方面，較爲接近。人文學科與自然科學的區别，也表現在分析和解釋方向：自然科學從多樣性、特殊性、復雜性、偶然性走向統一性、一致性、簡單性和必然性；相反，人文學科則突出獨特性、意外性、復雜性和創造性。它們屬於不同的思維能力，使用不同的概念、不同的語言形式進行表達。自然科學是理性的産物，使用事實、規律、原因等概念，並通過客觀語言溝通信息；人文學科是想象的産物，使用現象與實在、命運與自由意志等概念。所以稱『學科』而不稱『科學』，更爲突出人文學科的特質。參見《簡明不列顛百科全書》(第6卷)，北京：中國大百科全書出版社，1986年，第761頁；李醒民《知識的三大部類：自然科學、社會科學和人文學科》，《學術界》2012年第8期。

學科分類在不同歷史時期、不同語境下並不相同，標準、方法也見仁見智。近代以來，學術界逐漸傾向於將人類知識分爲三大部類，即自然科學、社會科學與人文學科。自然科學以自然即客觀的物質世界作爲研究對象，包括數學、物理學、化學、天文學、地學（地理學、地質學、氣象學）與生物學等；社會科學以人類社會作爲研究對象，涵蓋經濟學、政治學、法學、社會學、行政學、教育學、倫理學等；人文學科以人爲研究對象，探尋人的生存及其意義、人的價值及其實現，涉及語言學、文學、歷史學、哲學、藝術等。

本書選輯起止時間爲1807—1919年。

衆所周知，中國近代史的起止時間，亦即中國近代史的研究對象，是從1840—1949年，因爲這百餘年的中國，是相對完整的近代形態，是一個完整的歷史時期。但是，近代西方人文社會科學在中國翻譯、傳播的歷史，與中國近代歷史的進程並不完全同步。

首先，起步更早。1807年，基督教新教傳教士、英國人馬禮遜來到澳門，然後進入廣州，拉開新一輪西學傳播序幕。稍後英國傳教士米憐、德國傳教士郭實臘等，絡繹東來。他們在馬六甲、新加坡、巴達維亞等地，開學校，辦印刷所，在當地華僑中傳播西學。他們所出版的涉及人文社會科學知識的書籍雖然不很多，但這些西學知識，與鴉片戰爭以後傳入中國的西學知識屬於統一整體，也是後者之先聲。

其次，心態轉變也早。近代中國讀書人、思想界對於以歐美爲中心的西方人文社會科學，有個從仰視到平視的轉變過程，其轉折點便是第一次世界大戰。1914—1918年，發生在帝國主義國家之間的世界大戰，有三十多個國家、15億人口卷入，傷亡人員三千萬，經濟損失難計其數。這一殘酷現實，讓中國讀書人、思想界明白，西方科學並不萬能，人類社會的演變，並不總是沿着進步的方向直綫上昇。巴黎和會上西方列强對於中國主權的無視與陵鑠，更讓中國人明白，世界上並不存在什麽平等對待弱者的『公理』。這種世界性的倒退與不公，促使東西方有識之士更加深刻地思考人類的未來，更加理性地思考東西方文化的價值。此後，西方人文社會科學在中國讀書人、思想界那裏，盡管仍然是最爲重要的文化資源之一，但已從至高無上的峰頂跌落下來，成爲與東方文化等量齊觀的一端。

這是本書將下限斷爲1919年的主要原因。

二

在介紹近代西方人文社會科學在中國傳播之前，有必要先回溯一下明末清初那段時間這方面的情况。

明末清初，利瑪竇、艾儒略、南懷仁等耶穌會傳教士編寫，或與徐光啓、李之藻、楊廷筠等人合譯的一批西學書籍，其中有十多部較多涉及人文社會科學内容，如《西國記法》(1595)、《職方外紀》(1623)、《西學凡》(1623)、《靈言蠡勺》(1624)、《西儒耳目資》(1625)、《治平西學》(約1629)、《修身西學》(1630)、《名理探》(1631)、《童幼教育》(1632)、《西方問答》(1637)、《齊家西學》(崇禎年間)、《坤輿全圖》與《坤輿圖説》(1674)、《窮理學》(1683)等，這些書對歐洲的哲學、政治學、經濟學、教育學、文學、歷史學、地理學等方面的知識有所介紹。

比如，傅汎際和李之藻合譯《名理探》，介紹了『愛知學』即哲學的含義。南懷仁編《窮理學》，介紹邏輯學的功用，稱窮理學『爲百學之宗』，爲『訂非之磨勘，試真之礪石，萬藝之司衡，靈界之日光，明悟之眼目，義理之啓鑰，爲諸學之首需者也。』〔一〕高一志著《治平西學》，爲最早漢譯西方政治學著作，分别從王公、群臣、兆民的行爲準則，説明何者爲宜、何者應戒，還介紹了世界上的三種政體形式：『一曰一人且王之政；二曰數人且賢之政；三曰衆人且民之政是也。』〔二〕艾儒略譯《職方外紀》，對歐洲教育制度包括學制、課程設置、考試方式均有所介紹。高一志著《修身西學》，述及西方倫理學知識，包括修身目的、修身憑藉與修身方法，主旨在於指明人類通過修德以確保自身行動的善，從而獲得美好，達到幸福境界。天啓年間出版的《況義》，是《伊索寓言》在中國傳播的第一個譯本。

明末清初西方人文社會科學在中國的傳播，傳播主體是利瑪竇等傳教士，中國學者徐光啓等參與譯述潤色，所傳内容從總體上説，比較零碎，不成系統，所譯編成書籍印數較少，傳播範圍較小，很多内容只是在少量學者中流傳。但是，他們所傳許多知識，開啓了近代西學東漸的先河，如地圓説、五大洲説、腦主記憶説；所創譯的諸多名詞，也被近代沿用，如亞細亞、歐羅巴、大西洋、地中海、自鳴鐘、天主等。他們以『理學』翻譯哲學，一度被近代學者沿用。

〔一〕南懷仁：《進呈窮理學書奏》，徐宗澤：《明清間耶穌會士譯著提要》第192頁，中華書局，1989年。
〔二〕高一志：《治平西學》，載黄興濤、王國榮編《明清之際西學文本》第2册，中華書局，2013年，第614頁。

三

近代西方人文社會科學在中國翻譯、傳播的歷史，可以分爲五個階段，即1807—1842年、1843—1860年、1861—1900年、1901—1911年、1912—1919年。

第一階段，從1807年至1842年。

17世紀末18世紀初，因宗教禮儀問題，在清朝政府與羅馬教廷之間、中國耶穌會與羅馬教廷之間、耶穌會與其他天主教會之間，出現嚴重分歧。羅馬教廷要求在華天主教徒不得祭祖、不得拜孔。康熙皇帝表示，中國祭祖敬孔，不過是一種崇敬的禮節，並無宗教性質，如果來華西人，不能像利瑪竇那樣對祭祖敬孔持尊重態度，斷不準在中國居留、傳教。雙方交涉多次，不得要領。1717年（康熙五十六年），康熙皇帝下令禁止天主教在華活動。此後，天主教在華再次步入低谷。雍正、干隆等朝，又相繼頒佈禁止天主教的命令。1773年（干隆三十八年），因宗教内部紛争，羅馬教廷下令解散耶穌會，兩年後命令傳到中國，耶穌會正式解散。至此，自晚明開始在中國活動二百年的耶穌會，終於告一段落。西學傳播的細流亦因此截斷。

1807年，英國基督新教傳教士馬禮遜，受倫敦會委派，從英國經美國輾轉來到澳門，進入廣州，以後在廣州、澳門及南洋各地，進行傳教與西學傳播活動。稍後，英國傳教士米憐、楊威廉，美國傳教士粦爲仁、雅裨理、裨治文，德國傳教士郭實臘等，絡繹東來。他們在馬六甲、新加坡、巴達維亞等地，開學校，辦印刷所，出版《聖經》等宗教讀物，也在當地華僑中傳播西學。所出版的涉及人文社會科學方面的書籍有十來種，包括《生意公平聚益法》(1818)、《西游地球聞見略傳》(1819)、《地理便童略傳》(1819)、《東西史記和合》(1829)、《大英國統志》(1834)、《美理哥合省國志略》(1838)、《古今萬國綱鑒》(1838)、《萬國地理全集》(1838)、《制國之用大略》(1839)、《貿易通誌》(1840)，所出版刊物《察世俗每月統記傳(1815—1821)》《特選撮要每月紀傳(1823—1826)》《東西洋考每月統記傳(1833—1838)》，都含有豐富的西方經濟學、歷史學、地理學知識。

比如，《生意公平聚益法》，介紹人們相互之間進行貿易應該遵循的基本法則，《地理便童略傳》對世界主要地區與國家均有介紹，對英國、美國政治制度、司法制度介紹較爲具體。《古今萬國綱鑒》，凡244頁，分20册，是鴉片戰争以前介紹世界歷史知識最爲詳盡的一部書。《貿易通誌》較爲翔實地介紹了西方的商業制度，魏源在《海國圖志》中，對許多國家的貿易、商業的介紹資料採自此書。《大英國統志》《美理哥合省國志略》分别翔實地介紹了英國、美國的國情。

再如，《察世俗每月統記傳》所載《論有羅巴列國》《論亞西亞列國》《論亞非利加列國》《論亞默利加列國》《法蘭西國作變復平略傳》等文，介紹歐洲、亞洲、美洲等地地理、歷史知識，介紹了法國的歷史。還在1821年，便介紹了剛剛立國45年的美國，稱其面積寬大，盛産各物，港口衆多，人口增加很快，且有智有力，預料其日後必爲美洲最大國家。〔一〕《東西洋考每月統記傳》所載《通商》《貿易》《公班衙》等文，

〔一〕《論亞默利加列國》，《察世俗每月統記傳》卷七，道光元年。

介紹西方通商理論，認爲通商貿易對商人、人民、國家都有好處，强調通商貿易要篤實誠信，不可食言行騙。

鴉片戰爭以前，中國還没有被英國打敗過，中西關係還比較平等，傳教士在介紹西方情況時，心態還不是那麼傲慢，所以，行文常用對話體，以中國人習慣的説書形式出現。爲了迎合中文讀者心理，作者論述問題，每每先引一段中國古代聖賢的語録或故事，然後進行中西比較，説明東方西方，心同理同。這種表達方式，類似於明末清初耶穌會士，而不同於鴉片戰爭以後傳教士那種居高臨下姿態。

第二階段，從1843年至1860年，即五口通商時期。

在1840年至1842年的中英鴉片戰爭中，清朝政府戰敗，被迫與英、美、法等國簽訂不平等的《南京條約》、《望廈條約》和《黄埔條約》，被迫割讓香港給英國，開放廣州、福州、廈門、寧波、上海作爲通商口岸，允許外國人在這些口岸傳播宗教、開設學堂、開辦醫院。於是，傳教士便將活動基地從南洋遷到中國東南沿海，開始了晚清西學傳播史上的新階段。這一階段，通商口岸成爲傳播基地。此前，傳教士的活動局限於南洋一帶，西學書刊雖亦能傳至中國大陸，其所辦學校中也有華人，但畢竟水路迢迢，對中國内地影響有限。五口通商後，麥都思、雅裨理、慕維廉、艾約瑟等傳教士以這些地方爲基地，辦學校，出書刊，進行各種西學傳播活動，東南沿海遂成中國率先接受西學影響的地區。傳教士所出版《聯邦志略》(1846)、《格物窮理問答》(1851)、《地理全志》(1853)、《大英國志》(1856)、《地球説略》(1856)、《地理略論》(1859)等書籍，《中西通書》(1853—1860，年鑒)、《遐邇貫珍》(1853—1855)、《六合叢談》(1857—

1858）等雜誌，包括豐富的歷史學、地理學、經濟學知識，也有一些哲學、文學知識。

比如，《遐邇貫珍》所載《花旗國政治制度》一文，不但介紹了美國的總統選舉制、立法、司法、行政、聯邦及各州之組織，還將英、美政治制度作了比較，認爲各有利弊。再如，慕維廉譯編的《大英國志》與《地理全志》，都是超過三百多頁的大書，前者翔實地介紹了當時世界上最强大的帝國英國的歷史與現實，後者比較宏觀地介紹了世界地理知識。

這一時段，傳教士忙於在通商五口進行傳教活動，出版宗教讀物繁多，所出人文社會科學書籍較少，十來種而已，但是這些書刊在中國士紳中還是産生了比較廣泛而重要的影響。魏源編《海國圖志》，廣泛徵引了《地球圖説》等西書；徐繼畬撰《瀛寰志略》，直接得益於雅裨理等人的西書資料；王韜、管嗣復參加了一些西書與雜誌的譯編，受到這些知識的深刻影響。王韜日後出版《西學輯存六種》，頗得益於他在墨海書館協助偉烈亞力等人的西學熏陶，管嗣復則將其西學知識轉述給其老師馮桂芬，促成馮桂芬名著《校邠廬抗議》的誕生。《聯邦志略》《地理全志》《地球説略》等書還傳到了日本，並有日譯本行世。

第三階段，1860年至1900年。

1856年至1860年，英國、法國在美國、俄國等支持下，發動了侵略中國的第二次鴉片戰争。中國再次慘敗。侵略者逼迫清朝政府先後簽訂了《天津條約》（1858）、《北京條約》（1860）等一系列不平等條約。通過這些條約，外國侵略者從中國勒索了大筆戰争賠款，取得了一系列侵略特權。其中，與西學傳播密切相關的有：一、增開11個通商口岸，即天津、牛莊、登州、臺南、潮州、瓊州、鎮江、南京、九江、漢口、淡水。後來實際開埠時，牛莊改爲營口，登州改爲煙臺，潮州改爲汕頭。條約規定，外國人可以在這些通商口岸居住、賃房、買屋、租地起造禮拜堂、醫院、墳塋等。二、傳教自由。三、外國人可到中國内地各處遊歷、通商，中國政府應提供方便。四、開放長江。這樣，加上先前割讓的香港，開放的五口，中國被迫對外開放的城市達17個。外國人可以在南起廣州、厦門，中經上海、煙臺，北至天津、營口，東起上海、南京，沿江西上，直到中國内地，這樣廣闊的範圍裏自由活動。其結果，加强了西方列强對中國的政治侵略、經濟掠奪，也便利了他們對中國的文化滲透。

在清政府方面，以咸豐皇帝去世、辛酉政變發生、慈禧太后掌權爲轉折點，中國對外對内政策有了重大調整。總理各國事務衙門的設立，京師同文館、上海廣學會的創辦，以學習西方堅船利砲、聲光化電爲重要内容的洋務運動的開展，江南製造局等機構的設立，中國向歐洲、美洲與日本等地駐外使臣的派出，聖約翰大學等衆多教會學校的創辦，都對西學傳播産生了重要影響。1894年發生的中日甲午戰争，中國再次慘敗，激起變法思潮高漲，維新運動發生，更推動了西學傳播的高漲。

這一階段，譯介西學方面，有兩支力量同時發力，即清政府官辦機構與教會機構，前者以京師同文館、江南製造局翻譯館爲其著者，後者以設在上海的以基督新教傳教士爲主的廣學會最爲突出，天主教耶穌會設立的土山灣印書館也貢獻甚多。

這一階段，所出版的人文社會科學譯著，數量較前大爲增多，約130種，超過以往約三百年所出同類書籍總數。內容也更加厚實系統，有適應瞭解國際形勢與外國情況需要的《萬國公法》(1864)、《歐洲史略》(1886)、《希臘志略》(1886)、《羅馬志略》(1886)、《四裔編年表》(1874)、《萬國史記》(1880)、《法國律例》(1880)、《萬國通鑒》(1882)、《八星之一總論》(1892)、《各國交涉公法論》(1898)、《歐羅巴通史》(1900)等；有介紹外交常識的《星軺指掌》(1876)、《公法便覽》(1877)、《公法會通》(1880)；有介紹西方歷史、哲學、經濟學基礎知識的《佐治芻言》(1885)、《西學略述》(1886)、《辨學啓蒙》(1886)、《富國養民策》(1886)、《地球一百名人傳》(1898)；有適應變法需要、介紹外國變法的書籍《自西徂東》(1884)、《列國變通興盛記》(1894)、《泰西新史攬要》(1895)、《文學興國策》(1896)；有爲變法運動提供理論支撑的《天演論》(1898)、《民約通義》(1898)；有爲教育變革提供學術資源的《西國學校》(1873)、《肄業要覽》(1882)、《七國新學備要》(1888)、《教育學綱要》(1899)；有合哲學與心理學爲一體的《心靈學》(1889)、《治心免病法》(1896)。《格致匯編》刊載傅蘭雅所作的《混沌説》(1877)，概略地叙述了當時中國還不大有人瞭解的生物進化論觀點。廣學會出版的李提摩太翻譯的《百年一覺》(1894)，原爲美國空想社會主義小説，影響極廣。同爲廣學會出版的《大同學》(1899)，第一次向中國人介紹了馬克思及其學説。

第四階段，1901 年至 1911 年。

1898 年的戊戌政變，1900 年的八國聯軍侵略中國之役，使清朝政府的威信跌到最低點，中國國際、國內形勢均發生巨大變化。一方面，愛國人士、知識分子失望到極點，革命風潮因之而生，留日熱潮驟然而起。另一方面，清政府實行新政，鼓勵工商，廢除科舉，改革學制，繼而宣佈預備立憲。這兩方面都亟需西學（新學）資源。在這兩方面因素的共同作用下，西方人文社會科學在中國的傳播，呈井噴之勢，從内容到方式、從數量到質量都有巨大變化。

此前，西學知識主要由翻譯英、法等西書而來。1900年以後，由日本轉口輸入西學數量急劇增長，日本成爲西學輸入主要來源地。從1900年到1911年，中國通過日文、英文、法文共譯各種西書至少有1599種[一]，遠遠超過此前90年中國譯書的總數。從1902年至1904年，共譯西書533種，其中日文書籍達321種，占總數的60%。

在繁多的中譯西書中，人文社會科學比重加大。以1902年到1904年爲例，三年共譯文學、歷史、哲學、經濟、法學、政治學等人文社會科學書籍327種，占譯書總數的61%。同期翻譯自然科學書籍112種，應用科學56種，分别只占譯書總量的21%和11%。[二]所占比重從多到少的順序爲人文社會科學→自然科學→應用科學，與之前幾十年的情形正好相反。京師大學堂從1898年到1911年翻譯、出版西學教科書有六十餘部一百多册，其中人文社會科學類占62%。[三]這表明當時西學輸入的重心，已從器物技藝等物質文化層面轉到思想、學術等精神文化層面。

〔一〕見拙著：《西學東漸與晚清社會》（修訂本），中國人民大學出版社，2011年，第11頁。

〔二〕以上數據均見拙著：《西學東漸與晚清社會》（修訂本），第11頁。

〔三〕範軍：《歲月書痕》，華中師範大學出版社，2017年，第165頁。

就内容而言，這一階段所譯人文社會科學書籍，舉凡哲學、文學、歷史、經濟、法學、政治學等各學科，都有頗成規模的系統譯作。

哲學方面，概論性譯作就有9部，如井上圓了著、羅伯雅譯《哲學要領》(1902)，德國科培爾著、下田次郎述、蔡元培譯《哲學要領》(1903)，井上圓了著、王學來譯《哲學原理》(1903)；邏輯學譯作18部，如楊蔭杭譯《名學》(1902)，清野勉著、林祖同《論理學達恉》(1902)，十時彌著、田吴炤譯《論理學綱要》(1902)、嚴復譯《穆勒名學》(1905)，大西祝著，胡茂如譯《論理學》(1906)，英國耶方斯著、王國維譯《辨學》(1908)，法國孟德福著、李問漁譯《名理學》(1908)。其他哲學著作（含哲學家介紹、各國哲學、哲學史）9部，如蟹江義丸著、範迪吉等譯《西洋哲學史》(1903)、姉崎正治著、範迪吉等譯《宗教哲學》，井上圓了著、蔡元培譯《妖怪學講義録（總論）》(1906)；心理學譯作21部，如元良勇次郎著、王國維譯《心理學》(1902)，長尾槙太郎著、蔣維喬譯《心理學》(1906)等；倫理學譯作10部，如元良勇次郎著、麥鼎華譯《倫理學》(1902)、德國泡爾生著、蔡元培譯《倫理學原理》(1909)；教育學46部，如立花銑三郎述、王國維譯《教育學》(1901)，能勢榮著、葉瀚譯《泰西教育史》(1901)。清末一度流行哲學救國論，一批學者認爲救國應先救其人，救人應先救其心，救心應先救其學，而救學則應從譯介西方哲學始。因此，舉凡古希臘、羅馬哲學，西方近代哲學，以及重要哲學家生平及其學説，幾乎無一不被譯介。

文學作品翻譯更是繁盛一時，内以小説最多。據研究，從1901—1911年，中國共翻譯域外小説547

部，散文集22部，戲劇1種〔一〕。對英、美、法、俄、德、日、荷蘭、奥地利、瑞士、希臘等國文學作品均有翻譯，内以英、法、日三國最多。英國的莎士比亞、笛福、斯威夫特、哈葛德、柯南道爾、司各特、哈代、拜倫、狄更斯、斯蒂文森等，法國的小仲馬、雨果、大仲馬、朱力士、迦爾威尼，美國的斯土活夫人、布萊特夫人等人作品都有翻譯。譯自英國的，僅林紓就與人合譯哈葛德《迦因小傳》和《鬼山狼俠傳》等20種、柯南道爾《歇洛克奇案開場》等7種、司各特《撒克遜劫後英雄略》等3種、斯蒂文森《新天方夜譚》等。同是柯南道爾作品，就有周桂笙、林紓和魏易、陳家麟、包天笑等人投入翻譯。譯自法國的有，林紓與他人合譯的《巴黎茶花女遺事》《路史》，薛紹徽譯的《八十日環遊記》，包天笑譯的《鐵世界》，朱樹人譯的《穡者傳》和《冶工軼事》，陳春生譯的《獄中花》，梁啓超等譯的《十五小豪杰》，魯迅翻譯的凡爾納小説《月界旅行》。從1899年到1911年，從日本翻譯過來的小説有55種，其中1907年就翻譯了11部，内有《佳人奇遇》《經國美談》《謀色圖財記》《美人島》《世界一周》等。〔二〕

歷史學方面，比較重要的有102部，其中通史14部，如作新社出版的《萬國歷史》（1902）、支那翻譯會社的《萬國史綱》（1903）、杭州史學齋的《萬國史要》（1903）、上海通社的《世界通史》（1903）、山西

〔一〕鄧集田：《中國現代文學的出版平臺—晚清民國時期文學出版情况統計與分析（1902—1949）》，華東師範大學博士論文，2009年，第502—512頁。

〔二〕汪帥東：《晚清日本文學翻譯研究》，《當代外語教育》2018年，第2輯。

大學堂譯書院的《邁爾通史》（1905）、江楚編譯官書局的《萬國史略》（1906）。其中英國李思倫白著、蔡爾康等譯編的《萬國通史》，規模最爲宏大，凡30卷，相繼於1900、1904、1905年由廣學會出版。地區史、國別史52部，如東亞譯書會《歐羅巴通史》（1900）、金粟齋《西洋史要》（1901）、商務印書館《亞美利加洲通史》（1902）、文明書局的《泰西通史》（1903）等，還有英、美、德、法、日等國歷史。變政史、維新史、獨立史17部，如作新社的《英國維新史》（1903）、文明書局的《佛國革命戰史》（1903）、商務印書館的《美國獨立戰史》（1911），還有關於意大利、菲律賓、希臘、印度等國獨立或變革史。其他專史5部，如開明書店的《近世海戰史》（1903）、文明書局的《世界女權發達史》。人物傳記14部，包括華盛頓、拿破侖、彼得大帝、俾斯麥等個人傳記，還有世界名人、歐洲政治學家、日本維新志士等合傳。

政治學方面，比較重要的譯編有29部，其中政治學概論性的譯作，有高田早苗講述、嵇鏡譯《國家學原理》（1901），德國伯倫知理原著、梁啓超譯《國家學綱領》（1902），德國那特硜著、馮自由譯的《政治學》（1902），戢翼翬等譯《那特硜政治學》（1901），市島謙吉著、麥曼蓀譯《政治原論》（1902），美國伯蓋司著、楊廷棟譯《政治學》（1904年以前）；政治學理論譯作有英國斯賓塞著作、楊廷棟譯《原政》（1902），法國盧梭著、楊廷棟譯《路索民約論》（1902），浮田龢民著、出洋學生編輯所譯《帝國主義》（1902），西川光次郎著，周子高譯《社會黨》（1902），馬君武譯《彌勒約翰自由原理》（1903），幸德秋水著、中國達識社譯《社會主義神髓》（1903），村井知至著、侯士綰譯《社會主義》（1903），加藤弘之著、陳尚素譯《人權新説》（1903），福井準造著、趙必振譯《近世社會主義》（1903），英國甄克思著、嚴復譯《社會通詮》（1904）

等。介紹各國政治態勢的有《萬國政治叢考》《最新萬國政鑒》《最新萬國政治制度》《萬國國力比較》《歐美政教紀原》《十九世紀末世界之政治》《美國民政考》等。

經濟學方面，1901 年至 1911 年出版譯作 23 部。其中，嚴復翻譯的《原富》出版，是西方經濟學經典著作首次完整譯出。1902 年，《欽定學堂章程》規定，今後學制三年的高等學堂政科，必須設立『理財學』即經濟學課程，這促進了西方經濟學説引進與傳播。此後，楊廷棟編《理財學教科書》、天野爲之著《理財學綱要》、商務印書館出版的田尻稻次郎著《理財學精義》，均列爲中小學理財學教材。1906 年至 1908 年，政治經濟社等機構出版了《公債論》《租税論》《紙幣論》《貨幣論》《財政學》《計學》《比較財政學》等多種屬於經濟學分支的著作。

法學方面，這一階段譯作特多。從 1901 年至 1911 年，共譯法學書籍 263 種〔一〕，是晚清社會科學中譯書最多的學科。1902 年，清廷命沈家本等遴選諳習中西律例司員分任纂輯，延聘東西各國精通法律之博士、律師以備顧問，復調取留學外國卒業生從事翻譯。於是，清政府有計劃地翻譯大量法律書籍。民間譯書機構或出於社會需求，或出於牟利目的，也翻譯了大批法學書籍。從國際公法、國際私法，民法、刑法、民事訴訟法、刑事訴訟法、行政法，應有盡有。不但一般性的介紹法學原理、法學流派、國際法的著作都有介紹，而且各種具體法規法制，如警察學、監獄學，也很豐富。有的同一種著作有多種譯本，

〔一〕田濤、李祝環：《清末翻譯外國法學書籍評述》，《中外法學》，2000 年，第 3 期。

單1903年，《國際私法》就有4種譯本，《國法學》有5種譯本，《法學通論》有6種譯本。1904年至1909年，清政府爲適應法律改革需要，由修定法律館主持審定，翻譯了一大批刑法、民法方面的書籍，包括德國、法國、美國、意大利、日本等國刑法、民法多方面具體法規。1906年以後，中國地方自治聲浪日高，與地方自治相關的自治法規、地方性法規書籍翻譯頗多，諸如《地方自治論》《英國地方政治》《歐洲大陸市政論》《日本府縣制郡制要義》，與地方自治相關的警察書籍翻譯尤多，諸如《最近警察法教科書》《德國警察法》《警察全書》《警察學》《偵探學》。這些書主要自日文譯出，法律也以日本爲多。這一時期引進日本法律最爲全面的一部書籍，即《新譯日本法規大全》，由張元濟、劉崇杰等翻譯，内容相當廣泛，對清末法制改良有着重大影響。

第五階段，1912—1919年。

隨着清廷覆滅，中華民國建立，政治建設、法制建設、公民道德建設等任務提到人們面前，這些方面的譯介著作也隨之增多。與政治建設、法制建設有關的譯作主要有：同是英國莫安仁著、許家惺譯的《英國立憲鑒》(1912)、《英議院權力發達史》(1912)，英國布賴斯著、孟昭常譯《平民政治》(1912)，美國麥萊著、陳其鹿譯的《美國民主政治大綱》(1912)，美國約翰·温澤爾著、楊錦森、張萃農譯的《美法英德四國憲法比較》(1913)，日本田中萃一郎著、畢厚譯《歐美政黨政治》(1913)，美國黎卡克著、梁同譯的《政府論》(1914)、法國路易·普羅爾著、高仲和譯的《政治辨惑論》(1914)，日本齋藤隆夫著、姚大中譯的《比較國會論》(1917)。東方法學會譯編法律要覽叢書多種，由泰東書局出版，包括《民法要覽》《民事訴訟法要覽》《商法要覽》《刑法要覽》等，影響廣泛。

有關公民道德建設的譯作甚多，諸如《國民道德談》(1915)、《道德之研究》(1915)、《品性論》(1916)《泰西改良社會策六章》(1917)、《新道德論》等。其中，英國著名道德學家斯邁爾斯(S. Smiles，1812-1904)多種著作被多次翻譯，包括《勤儉論》(1914)、《克己論》(1915)、《職分論》(1917)，葉農生、蔣方震、秦同培等均參與譯事。第一次世界大戰爆發以後，有一批與戰爭有關的譯作問世，如《德意志戰論》《開戰時之德意志》《美國總統威爾遜參戰演説》《革命心理》《國際同盟論》。

這一階段，馬克思主義、無政府主義書籍的譯介也有一些，包括1912年施仁榮翻譯恩格斯的《理想社會主義與實行社會主義》，是馬克思主義經典文本在中國早期傳播較爲完整的譯本，是恩格斯的著作《社會主義從空想到科學的發展》在中國的第一次譯介。1919年凌霜翻譯克羅泡特金的《近世科學與無政府主義》。

這一階段，所譯哲學、史學著作，均遠較清末爲少，但文學翻譯勢頭依然很猛。1912年至1919年，共翻譯域外小説250部，散文集35部，戲劇3部[一]，涉及英、法、美、俄、德、日、西班牙、奧地利、瑞士、波蘭、比利時、丹麥等國作家，內以英、法作家所占比例爲高，英、法主要作家被譯作品與清末

[一] 鄧集田：《中國現代文學的出版平臺—晚清民國時期文學出版情況統計與分析(1902—1949)》，華東師範大學博士論文，2009年，第512—519頁。

有延續性，如英國哈葛德、柯南道爾、狄更斯，法國大仲馬、雨果等，增加較多的是美國作家華特生等人的作品，俄國托爾斯泰等人作品也陸續翻譯進來。

以上五個階段，就對中國社會影響而言，每一階段都不能忽略，各有各的影響。但綜合而言，以清末這一階段的影響，最爲廣泛而深入。數以百計的出版機構，數以千計的中譯日書，數以萬計的留日人員，難計其數的雜誌、報紙，將形形色色的西方新學轉口輸入中國。範圍之廣，數量之多，來勢之猛，是此前歷史階段也是民國初年所不可比擬的。這一階段，正是中國廢科舉、興學校的教育體制轉型期，難計其數的各門各科的新式教科書，大多是這一階段編寫的，藍本多取自日本，多取自這一階段的譯書。各門各科的辭典大量引進、編寫，無形中起着規範語言的作用。

四

近代中國被動卷入全球化浪潮之中，遭遇千古未有之變局。在此以前，中國雖然早已與外族有了關係，但那些外族都是文化較低的民族，縱使他們入主中原，到頭來也終歸爲以儒學爲核心的中國文化所化。在中國接觸的世界裏，中國以老大自居，他國也以老大尊之。但是，到了近代，情況大不一樣。中國面對的英國、美國、法國等，絶非先前的夷狄可比。這些對手，既陌生又强大，突兀而來，猝不及防。中國生産方式、生活方式、價值觀念、審美情趣、教育體系、學術體系、語言詞彙，乃至風俗習慣，無不發生深刻的變化。人文社會科學譯著，既是這一歷史變局的産物與證物，也是這一變局的助推器。

以語言詞彙而言，中國今天所用各類新詞彙，大多形成於近代。人文社會科學方面的新名詞，諸如社會、政黨、民族、階級、主義、範疇、系統、規範、唯物、唯心、主體、客體、法學、法庭、民法、刑法、金融、銀行、生產力、生產關係，都是近代出現的，而且大多是從日本移植而來。日常生活所用諸多新詞彙，也主要形成於近代。比如，以『化』字結尾的複合詞，特殊化、現代化、民族化、大衆化、自動化；以『式』字結尾的複合詞，速成式、問答式、簡易式、西洋式；以『炎』字結尾的病名，關節炎、氣管炎、腦炎、肺炎、胃炎、腸炎；以『性』字結尾的複合詞，可能性、現實性、必然性、偶然性、必要性、習慣性；以『界』字結尾的複合詞，文學界、思想界、藝術界、新聞界、出版界；以『感』字結尾的複合詞，美感、好感、惡感、情感、敏感；以『點』字結尾的複合詞，觀點、要點、焦點、重點、出發點；以『觀』字結尾的複合詞，悲觀、樂觀、人生觀、科學觀、世界觀、宇宙觀；以『論』字結尾的複合詞，一元論、宿命論、無神論、唯物論、唯心論；以『法』字結尾的複合詞，辯證法、歸納法、演繹法、綜合法、分析法。還有以『作用』『問題』『時代』『社會』『主義』『階級』等詞結尾的複合詞，心理作用、精神作用、土地問題、社會問題、舊石器時代、新石器時代、奴隸社會、封建社會、人文主義、社會主義、地主階級、農民階級。如此等等，不一而足。

新名詞如此，學科分類亦如此。以『學』字結尾的學科名，財政學、經濟學、生物學、物理學、心理學、家政學、社會學、冶金學，也都在清末定型。

近代譯介的人文社會科學，不但影響了當時的中國社會，而且業已廣泛融入中華文化傳統當中，幾乎無處不在、無時不在地體現於我們的物質文化、制度文化與觀念文化之中，體現於我們的日常生活當中。倘若不信，你且撇開此類新思想、新觀念、新學術、新詞語，寫一篇文章或者講幾句話試試！

鑒此，我們選編了這套《近代人文社會科學譯著選輯》，選擇不同歷史階段較有影響的譯著，分爲五輯，分類如下：1、人文社會科學總論與政治學；2、哲學、邏輯學、倫理學、心理學、教育學；3、歷史學、地理學、社會學、禮俗；4、法學、經濟學；5、文學、藝術、人物傳記。

鑒於嚴復所譯學術名著、林紓所譯文學著作已有多種刊本行世，本書不再收録。

《近代人文社會科學譯著》第二輯第七册説明

本册收録《教育學史》。

《教育學史》，日本金子馬治著，順德陳宗孟譯，上海廣智書局，1903年版。爲《教育叢書》第二種。

金子馬治（1870—1937），又名築水，生於長野縣，1893年畢業於東京專門學校（早稻田大學前身）文學部，留學德國。歸國後，任早稻田大學教授、文學部部長。著有《近代思想研究》《歐洲思想大觀》《生活與文化》與《哲學概論》等。陳宗孟，廣東順德人，留學日本，在正則英語學校，餘事不詳。

《教育學史》凡三編九章。首敘古代之教育，然後依次敘述中代之教育、近代前半期之教育。所列教育方面自然與現實兩派，略仿傳紀之例而述其言論。書中認爲，希臘爲教育之祖，其主義在肉體之壯美，然蘇格拉底、柏拉圖、亞里士多德皆謂肉體之善美不如精神上之善美，有强健之體魄無文明之精神，其弊必流於野蠻。羅馬之教育主於實用，以理想爲不屑，故其教授之法以記憶爲先，腦力之能受與否概置不問，其弊在苛酷而閉國民之知識。基督教育主於神學，以聖書爲唯一之課程，聖書外即教以教儀，故社會子弟無智無學，懵然於宗義之根本精神，於世事普通之理一無所知，雖以路德改革宗教發見新教育，究不免失於偏狹。書中對於培根、洛克、盧梭等人關於教育之論説，分類記述。1905年，《時報》刊登廣告介紹，稱此書『羅列泰西教育家書説，沿流溯源，燦然大備，間附批評，無不折衷至當。此新聞報評本

書之語，讀者可知其價值矣』。〔一〕

〔一〕《教育學史》，《時報》，1905年1月18日第1版。

教育學史

〔日〕金子馬治 著
陳宗孟 譯

教育叢書第二種

教育學史

廣智書局印行

欽命二品戴項江南分巡蘇松太兵備道袁　爲

給示諭禁事本年二月十二日接

英總領事霍　來函以香港人馮鏡如在上海開設廣智書局繙譯西書刋印出售請出禁示止翻刻印售並行縣廨一體示禁附具切結聲明局中刋刻各書均係自譯之本等情函致到道除分行縣委隨時查禁外合亟出示諭禁　爲此示仰書賈人等一體遵照毋得任意翻印漁利倘有前項情弊定行提究不貸其各凜遵毋違切切特示

光緒二十八年　三月　初二　日示

欽加三品銜賞戴花翎在任候選道特授江蘇上海縣正堂汪　爲

出示諭禁事奉

道憲　札接

英總領事霍　來函以香港人馮鏡如在上海開設廣智書局繙譯新書刋印出售請給示禁止翻刻印售並行縣廨一體示禁等由到道札縣示禁等因到縣奉此合行出示諭禁　爲此示仰書業人等知悉嗣後不准將廣智書局刋印各種新書翻刻出售如敢故違定干查究其各凜遵切切特示

光緒二十八年　三月　十七　日示

日本金子馬治著

教育學史

廣智書局印行

教育叢書第二種

教育學史上卷

總論

第二編　中代教育學史　五五

教育學史上　目錄　四

教育學史上目錄終

教育叢書
第二種
教育學史上卷

日本　金子馬治　著
順德　陳宗孟　譯

總論

教育學史之範圍

欲講教育學史。當先確定教育學史之範圍。教育學史者。當研究何種學術乎。教育學史所研究之事有何種目的乎。是即攻究教育學史最初之問題。吾人對此問題。當答之曰。叙述古來教育制度之精神。及關於教育之諸論說。是教育學史之範圍也。於此解釋。當有二個之說明。第一、教育制度之精神所以爲教育學史之題目者何故。第二、關於教育之論說即所謂教育學者何學也。

教育制度之精神所以爲教育學史研究之題目者。無他。(第一)教育學與教育制度。有極密切之關係。教育學者。教育之理論也。教育制度者理論之現於實際者也。離乎敎育學。不能求敎育制度之精神。離乎敎育制度。不能考敎育學之眞相。然則敎育學史。雖以叙述敎育學說爲大旨。而必宜徵引多少敎育制度之變遷者以此也。（第二）敎育學至近代始稍具形體。昔雖有敎育制度。惜學說甚少。若盡棄從前敎育制度而不講。安能理解近代敎育學之眞相。近代敎育學與古代之敎育制度。有不可離之關係。古代敎育制度之結果。即近代敎育學。近代敎育學。即受古代敎育制度之影響。而次第發達其精神者也。然則敎育學史所以必徵引多少敎育制度之變遷者。又以此也。

敎育學者何學乎。不知此學之性質。安能知敎育學史之範圍。然吾人對此問題。又不欲與以精密之解答。且難與以定着之解答。何也。此問題必依敎育學史之攻究而後瞭然也。或曰。敎育學者。以心理學爲基。又以倫理學爲標的。或曰。助長人之品性。使之發育者也。或曰。發達身體及智德之兩性者也。近世敎育學之定義。大抵如此。然吾人不必預存此定見。且不可爲此定說所左右。迨研究敎育學史。自能知之。蓋教育學之爲何。與教育之爲何。此等問題。皆教育學史所當攻究之問題也。

是故研究教育學史時。欲釋『教育學爲何』之疑問。如下所述足矣。曰、教育者。使幼稚之身心發育至一定方向也。蓋教育所由起。在於使人身心。依一定之方向而得以發達。夫人之身心。漸次開發。漸次由單純而進於複雜。卽不用一定方法。亦因接觸乎種種境遇。而漸次發育。然有一定之方法。則發達易而至於一定之方向亦易。此教育所由起也。是故教育者。不放任身心於自然之地。以一定之本意爲標的。依一定之方法以開發之。使之達於一定之方向。若夫教育之眞正本意爲何。方法爲何。又必攻究教育學史而後知。

故欲釋『教育學史之範圍爲何』之疑問。可徑答之曰。古來所以發達人身心之法。凡其制度之精神及其學理。悉公平精確連絡貫串以敍述之。是教育學史之本領也。

教育學史者何

教育學史之範圍。既述如上。請循教育學史之名以覈其實。教育學史。亦與他歷史同。敘述其所當攻究者之變遷進步也。故敘述教育制度之精神與教育學之變遷若何。進步若何。是爲教育學史。正言之。則教育學史亦與他歷史同爲普通世界歷史之一分。所以別乎一般歷史者。爲其專研究教育之事也。一般歷史。不特臚列過去之事實。更敘述由古及今世界的生命之進步發達。教育學史亦然。不特有秩序有系統以臚列過去教育之事。更當說明教育精神之進步。及教育學之進步何如也。

然則教育制度之精神及教育學。其變遷與進步。當如何探求之。曰、普通歷史所以敘述過去之事。教育學史亦同。雖然。史有宜特注意者數事。（第一）社會之趨勢。與教育有密接之關係。當測度之。（第二）前人所遺教育學說。及有直接間接關係於教育之學說。（如倫理學心理學等）皆當注意於其影響。（第三）一時代或一個人之教育學說。其本質及其於歷史上之價值。最當公平判斷之。

(第一)社會趨勢之當注意者何。蓋教育因實際之必要而起。離乎時勢。則於當時教育制度。及學說之眞相。不能解矣。精言之。則謂一時制度、法律、風俗、習慣、道德、宗教、等一切理想。皆含於教育形質之內。一切社會之風潮、傾向、目的。皆一體湊合而現於教育事業之上。亦無不可。時勢之精神。可謂直接而宿於教育內者。教育旣因時勢之必要而起。時勢之必要。卽賴教育而後能供給之。不洞察當時之時勢。欲得教育之眞相。是不究原因而欲知結果也。烏乎可。是故離時勢則難考教育。離社會全般之傾向。則不能解當時所現教育學之本質。教育學史所以不可不測度時勢者以此。

(第二)前人所遺教育學說。及有直接間接關係於教育之學說。何以當注意其影響。無他。教育學亦與他學同。或多或少。或直接或間接。必受前人所遺學說之影響。且如關於宗教之學說。關於倫理心理之學說。關於一般訓鍊之學說。皆有直接間接關係於教育學之發達者也。又烏可等閑視之。

（第三）教育學說之本質。及其在歷史上之價值。當公平斷判之者。何也。蓋確知其本質及其在歷史上之價值。乃能知其變遷進步之次第。若以自己所懷抱之學說臆斷之。或為自己所薰染之僻見所左右。則史家嚴正判斷之責任荒矣。過去之教育學說。其變遷如何。發達如何。又安能知。

教育學史研究之必要

欲真正理解教育學。必賴歷史的攻究。否則無以真正理解其趣味。請詳舉教育學史之効用。（一）教育家之教育觀念因此而富。（二）可以知古來有如何之教育。則生如何之結果。因如何之事情。則施如何之教育。（三）因此不為先入之偏說所左右。關於教育之新制度、新學理、新方法。能進而自得之。（四）確知教育學史。能示攻究教育理論者。及從事教育實際者。以教育原理。及教育術之實際模範焉。

教育與社會有密接之關係。欲社會之進步。國家之發達。非教育上有新工夫新方便不可。然而教育原理及教育方法之觀念不富。則夫因有如何之教育。遂生如何之結果。因有如何之世態。當施如何之教育。皆不之知。徒跼蹐於自己方寸之天地。不能出新工夫新方便矣。無他。於古來教育史研究未熟耶。是故教育學史。能正僻謬之說。能指定教育進步之新針路。與吾人以最大利益。其研究之必要。決無可疑。

教育學史之分類

蕭曼謂古今教育學之變遷有三期。

第一期　無一定之教育學。但從國民習慣。施單簡之俗習的教育而止。

第二期　人人自依其進取自由之念。注意於俗習的教育之缺點。漸定教育一定之根据。

第三期　因灼知宇宙人類之窮極觀念。而推尋教育之本領目的。確定其手段方法。

蕭曼所說。暫勿論其是否。古今教育學之變遷。既定此三時期。其一即僅有教育制度而無確定教育學時期。其二即教育學準備時期。其三即教育學建設時期。據此以研究教育學史便益應不少。然當攻究世界各國教育學史時。此時期常彼此錯綜。攻究上頗生混雜。不若依普通文明史之區別。分爲古代中古近代三期。於教育學史之攻究較便。觀下文自知。

尙有宜注意者一事。即本邦（日本）及支那之教育學史。當如何處置是也。自世界上言之本邦及支那歷史。尙無大關係於世界之文明史。其教育制度之精神。亦無毫末關係於世界之教育學史。且也。本邦及支那。雖亦有關於教育之論說。然如西洋教育學有一科學之形者。殆絕無之。然則本邦及支那之教育學史可付之不問乎。是又不然。生於本邦。欲與多少裨益於本邦教育者。不可不先通本邦教育之沿革。及與本邦有密接關係之支那教育之變遷。假令我即無一整然之教育學。而其教育制度之精神內。亦自含有教育之普通原理。然則一面參照泰西豐富之教育原理。一面測度本邦教育制度如何。非即適用教育之原理於本邦教育。而判斷其是非。指導其塗徑者哉。可見本邦及支那教育制度之沿革。不可不研究矣。吾人於此單簡講義。雖以研究泰西之教育學史爲目的。然由講義之順序有多少之裕如。則當進述西國教育史之梗概。惟先研究泰西教育學史而後及兩國之教育制度。則知其價値也益易。

第一編　古代教育學史

第一章　希臘之教育

希臘教育之起源

據史家言。古代東洋國民皆不得自由。皆束縛於專制政治之下。因之智力上之進步。大有妨礙。希臘國民不然。彼自開闢以來。即呼吸自由之空氣。最初人民於智力上有普通之進步者。亦以此國民爲始云云。吾人可移此普通眞理。用諸古代東洋國民（指埃及波斯印度小亞細亞諸國）與希臘國民之教育上焉。夫古代希臘教育。卽令其範圍或非在乎全國民。或於其他之點亦有多少不自由者。然其教育精神。比之東洋諸國則遠勝之。何則。教育之精神古代東洋諸國。多沈滯不進。故人民極不自由。至希臘教育則全體之傾向。甚能自由可以自達其欲達之點。無他。古代東洋諸國。概不注重個人。教育之目的。不過犧牲個人自由。鞏固一朝廷之存在而止。若希臘之教育。雖非十分注重個人。然以造成自由之希臘國民為本來目的。彼此所以有非常之差異。

吾人不必謂希臘教育極完備。亦不必謂歐洲現時之教育皆取則於希臘。然其教育及教育說。當上代時。自由進取已如此。不亦可驚乎。卽令其制度多所未備。其教育說多所未完。然一觀歐洲現時之教育及教育學。取資於希臘者甚多。則其進步誠早矣。梭格拉底柏拉圖阿理士多德等之哲學。有絕大影響。其教育上所論。亦極有影響於歐洲現時之教育學也。

希臘之自由教育。何自而起。尋其最近因緣。實基於希臘國民發育於自由制度之下。夫政治自由者。一切文化自由之基。其教育之自由也亦宜。而希臘國民之自由。以其民俗之特質。地形上國勢上之關係。於自由性之發達。多所便宜。一言蔽之。希臘之教育。自發的也。何謂自發的。不受他界之大影響。而希臘國及希臘國民。自有其元素。足以生出其自由美麗之教育學也。於此點有特宜注意者一事。蓋希臘本為島國。附屬之者亦為島嶼。富於天然之美。又希臘國民中。如雅典市民者。本來富於美術之觀念。希臘人又爲詩歌美術之民。彼和美耳之詩歌。及非其阿斯之彫像。卽希臘國民之生命骨髓。和美耳及非其阿斯不出。是無希臘矣。希臘民之愛好眞美。與其豐富於美之觀念也。若此。安得不胚胎美敎育乎。希臘國民。本爲美術的國民。又熱心宗敎。極重身體之圓滿。欲知希臘人之熱心宗敎。第觀其瓦林披阿及披沙等大國祭。已見一斑。唯希臘人之宗敎。最注重於美。彼等於美善之間。不復區別。以爲美卽善也。善卽美也。故本來美的希臘國民其宗敎。亦美的宗敎也。且彼等不特欲精神上圓滿調和。又極注意於身體之完備圓滿。夫爭鬬殺戮時代。第一獎勵身體之强健。實各國自然之勢。希臘國民。豈能獨異。就中如斯巴達市民。尤注重此點矣。雖然。希臘人之重身體。非僅由時勢之必要。實具有愛好身體之美之特質。史家謂希臘人貴肉體之美者。以肉體爲靈魂所寄。欲養精神之美。當先重肉體之美。然以此等思想而尊重肉體。實其後代之事。上代希臘人。尙未區別肉體與精神。第欲壯美之耳。或有狀如阿布路貌類意那士者。彼等深喜之。知此。益可證彼等具有愛好身體之美之特質。

吾人既知希臘人之特質。則於希臘教育及其教育學。有如何之傾向。亦可畧知之。蓋一國教育。皆以其國之特質。與其國人之特質爲之根。又有宜辨者。古代希臘教育。實爲前數千年之教育。是故希臘教育。雖爲歐洲現時教育之一要素。但不可擬以今日教育。其教育之目的及制度。頗有單純而幼稚者。不明乎此。欲判斷其眞價也難矣。

希臘教育之理想

希臘人以精神及肉體之善美。爲教育之理想。觀上所言希臘人之特質。可畧知之。夫希臘人生於美風土。具愛美之特質。且熱心宗教。尊重肉體。其以精神與肉體之善美。爲教育目的。復何足怪。然其所謂精神及肉體之善美者。與通常意義。頗有不同。請先說明如下。

抑希臘教育。其特有之要點。大畧有四。

（第一）　重美

（第二）　以爲美即善也善卽美也

（第三）　極重身體之壯美

（第四）　以造就希臘國民爲教育之目的

（第一）重美者。希臘教育之最大特質。何謂重美。無論精神身體。皆欲發達之使至於美。而以此爲教育理想也。夫欲研究希臘教育。不能不首數雅典。極上代之全希臘人可勿論。若雅典市民。固以精神肉體之美爲教育之最大理想矣。彼等於精神之均齊、調和、統一、并整、活潑、優美等。視之甚重。又以身體之壯健而優美。爲至大理想。故普通學校之教科用書。必以和美耳之『伊利壓度』『阿捷錫』爲始。皆詩歌音樂之書也。彼等以學習勇大美妙之詩歌。爲唯一之精神教育。彼等雖非以今日之所謂美育者爲其本領。然其教育之旨趣。教育之傾向。教育之事情。無一不含有調和、整齊、統一等之思想。故教育史家有謂希臘教育爲『審美的教育』者。信然也。夫希臘人固調和整齊之民。希臘人如何以調和整齊爲教育要旨。觀下教育制度節自知。

（第二）希臘人所謂調和整齊者。不特爲今日美術上所謂調和整齊之美。更別含他種意義。蓋彼等未知美善之別。以爲美即善也。善即美也。故其重美也。與重善同。其以美爲教育之理想也。兼有善之意義。而其學詩歌也。不僅玩味其美。且賴之以涵養德性焉。彼等之對於和美耳與今人之對於古大詩人不同。畏愛之。敬禮之。以之爲『道德的教師』不然。何以崇拜若是乎。故希臘人之宗教。詩歌的也。而其所謂美。又道德的宗教的也。然則彼等視音樂爲美術。以爲道德的要具。能奏莫大効力。而特以之爲最主要之教課者。其故可知矣。又觀於梭格拉底及柏拉圖常以美爲道德的教訓之料。則希臘人以美爲教育之目的。其故又可知矣。故曰。希臘人之所謂美。含有善之意義。然則通常希臘教育之理想。雖在調和整齊之美。與今日所謂美育之義固異。殆在道德的品性之陶冶矣。更考畢達哥拉梭格拉底柏拉圖亞理士多德等學說。益知古代希臘教育至文物愈開發時。愈以造成道德的人物爲普通教育之目的。若其學說之明瞭。非可比於今日。則不待言。

（第三）希臘人於身體教育。非常致力。是希臘教育與今日大異之要點。亦後世所當特筆大書之要點。希臘人所以重視身體教育之故。已論於前。請再言身體教育與希臘教育之理想有如何關係。當上代時。無論何國。於身體教育皆費過半之時力。是爭戰時代不得已之結果。希臘中如斯巴達者。多因此點。主張尙武教育。然就其大體言之。則因肉體之美。適契合於希臘人理想之美。故耳。希臘人特有之情慾。在於身體之美。既有此情慾。則其發爲特有之身體教育。又何足怪。彼等當上代時。精神肉體之區別未明。以爲肉體之美。卽全體之美。能全肉體之美。卽能全全體之美。吾人今日於希臘人所以鍛鍊身體之法。雖未由詳知。然其費許多時日。許多心力。以造成强健身體。實無可疑。彼當瓦林披阿大國祭時。各洲强健男子咸麕集焉。則其體育之盛可見。近代獨逸國人。屢想望希臘教育之再興。豈無故哉。要之身體之美者。契合於希臘教育之理想。以爲如是即可以圖心之整美也。

（第四）希臘人以養成己國國民爲教育之目的。或希望身體之壯美。或希望精神之美善。彼謂此皆國民必須之要件也。故希臘各市。概有一二普通學校。有直受政府管轄者。有僅受政府監督者。要皆爲政府之事業。此等現象至後來更著。於此有宜注意者二事。彼等所謂公民養成者。與今日所謂國民的教育頗異。一則不含有世界的教育之意義。二則被養成之公民有一種制限是也。夫今日所謂國民的教育。正當言之。宜含有世界的人類養成之意義。且宜立於世界的教育基礎之上。而上代希臘人。因當時國勢。未能明瞭乎今日之所謂世界。故其所謂公民養成者。專養成自國之公民而止。未含有人類養成之意義。又其所謂公民養成者。非養成各市之全市民。唯上流公民之子弟。及正當公民之子弟等。始得受普通教育。如女子服從民之多數。奴隸及其他下流社會等。則殆無教育。故以柏拉圖之識。猶謂下流之社會子弟不必受何等教育焉。要之。希臘人於人類教育思想。未及全箇人之教育。亦未之知。

據此可斷之曰。希臘教育者。概以個人爲一國或一市之犧牲。故其重箇人甚少。可謂奪個人之自由而供國家之犧牲矣。雅典者。希臘國中最得自由者也。其教育尚有奪箇人之自由於國家之傾向。若斯巴達則謂其爲國家而全攘個人之自由。亦無不可。故上代希臘教育。比之上代東洋諸國之教育。其傾向雖甚自由。而自今日觀之。仍未可謂眞自由。其種種之點之不自由者不可掩也。括言之。則希臘教育者。以肉體與精神之善美爲理想。以養成公民爲目的也。

希臘教育之制度

以上畧言希臘教育之精神。請更舉其教育制度之大概以確證之。希臘本集合數多小國而成。故教育之趣。各邦互異。不能縷舉其制。請但舉雅典市及斯巴達市制度以概其餘。此二市民之制度最相異。最重要。其他小國。非類似之。即中立而已。

希臘教授兒童之課目。可大別爲二。曰體操。曰音樂。是也。史家雖有分體操。文學、音樂、三課目者。然依希臘之習慣。不若分爲前二課目之正當。惟希臘所謂音樂。與今日音樂不同。殆可比今日之文藝。不特含有謠歌、奏樂、音律學等。更含有語學、文法學、習字、詩學、數學等也。然則上代希臘敎育之課目頗單簡。兼習幾何、天文、醫學等者。乃後世事耳。

體操所以造成強健壯美之公民。希臘人以此爲最嚴肅之課目。非若今人之輕視之。音樂所以養成精神之善美。希臘人之尊崇和美耳殆非今人意想所及。

斯巴達與雅典之敎育互相反對。一爲武斷的貴族政治之民。一爲文學的民政主義之民。斯巴達人於體操音樂二者之中。專獎勵體操。讀書、算術、習字等。幾於置之不問。惟教授軍樂而已。雅典人非不尊重體操。然動有偏重音樂之傾向。故一以武備顯。一以文學鳴。

一斯巴達教育之制度

斯巴達之制。凡嬰兒始生。用種種方法。以辨其强壯與否。薄弱纖小者。謂長成後。必不能事事。即擲之山中。其尙武主義之嚴格。可想見矣。健兒則六歲前養於慈母或保母之手。至七歲。則離其家。送諸公立養育處。專令學飛學走。及授其他種種之訓練。間學軍樂及軍舞。專以勇壯、敬信、愛國、爲目的。於讀書、算術、習字等。幾可以不教。至文學美術。則全擯之矣。專重體育如此。若耐寒暑忍饑餓等事。乃彼等平日之學校生涯也。至十八歲。卒業普通學校。編入民籍。嘗受政府監督。練習武事。鑽研謀畧。至六十始免。

以上教育制度。可謂嚴極。規定之者。來喀瓦士（紀元前八百五十年頃）也。

二雅典教育之制度

雅典者。全與貴族的武斷的斯巴達不同。故其教育制度。不得不異。斯巴達以學校爲政府事業。個人之自由。全爲國家所束縛。雅典不然。學校及塾社之設立。皆一私人之自由。政府但監督之耳。

雅典之教育制度。創始者梭倫也。（紀元前六百年頃）修改者卑西托拉達也。（紀元前五百五十年頃）據此制。凡雅典市民子弟。六歲前由乳母（多聘自斯巴達者）保母（多是奴隸）之手養育之。七歲。錄入民籍。離保母之手。入學校。或塾社。此時兒童所修學科。即前所謂體操文藝也。雅典公民兒童之入學校。通例以教僕隨之。此教僕稱爲『培達闊克』Padagogue. 然與今日英國人之所謂小學校教師 Pedagogue. 及獨逸人之所謂小學校師。Padagogue. 不同。大抵以老耄無學之奴隸爲之。無教授之任。但爲兒童從者。以種種世說誘導之耳。又、體操音樂之學校。各異。兒童同時通學於兩學校。兒童入音樂學校前。大抵通學於體操學校云。

體操學校。直受政府監督。規律頗嚴重。苟爲雅典公民之子弟。必入焉。普通體操學校。名曰『巴列士多拉』Palastra. 教師。名曰『卑達多列布』Padatrib. 授業多在午後。其課目則學飛、學走、投金屬板、投鎗、及柔術之五藝。此外則盡力於泅水也。『巴列士多拉』之外。尚有高等體操學校。

教授音樂（即文藝）之處大抵皆私塾。教師謂之『克蘭馬智斯的』Grammatistes. 身分極低。或在家。或在街衢。於早朝授業。課目則讀書、習字、算術、文法、音樂等。極古代時。文字音樂皆一教師兼授之。後文字教師與音樂教師始分。讀書則自綴字始。進而專誦和美耳之『伊利壓度』『阿捷錫』等。音樂教師先教謠。繼授橫笛、箏、等。又教舞蹈云。雅典兒童如何養成於調和整齊之規矩內。觀以上教授課目可見一斑。

以上所述。普通教育也。可謂之尋常教育。兒童達十六歲。卒業。離教僕之手。入高等學校。受高等教育。撮記其要如下。

高等教育。惟良家子弟受之。託身於此者。即將來爲立法官、行政官、學者、等人。其學科亦爲文藝體操二學。體操學校。名曰『焦那沙』Gymuasia. 文藝亦於此處敎授之。體操不過尋常敎育之進步者耳。文藝門則有種種高等學科。如修辭學、雄辯學、數學、倫理學、哲學、政治學、神學、等。(但其學生非全修此等學科)此高等敎育。文藝體操二學並授。至後世。體操學漸衰微。而雄辯學哲學等獨盛。

於此有當注意者。梭闊斯特 Sophist. 及梭格拉底以降之哲學者是也。梭闊斯特卽後世所謂詭辯學者之一派。然非可賤視之。彼不過受多少酬報。始授良家子弟以修辭學、雄辯學、縱橫操縱之策耳。卑利克來斯時代以後。雅典道德漸腐敗。有徒爲糊口計。欲得多數學生而大振詭辯者。卽梭濶斯特派也。後世因以梭濶斯特爲詭辯學者之名目。雖然。其本來在敎授文學。故雅典市民受其薰化不少。亦不能全訾之。

梭濶斯特之弊既漸著。時與之對峙。而盛唱道德之修鍊。哲學之攻究者。梭格拉底以下柏拉圖亞理士多德等學者也。諸賢哲之學說如何。暫勿論。要之諸賢哲在焦那沙。學校之名盛講哲學。使雅典青年。翕然和之。希臘敎育之達於最高等。皆其力也。

希臘之敎育學

希臘上代。無可以精密而稱爲敎育學者。即有關於敎育之論說。亦未能稱爲一科學之敎育學。多少整然敎育說之出現。實始於柏拉圖及亞理士多德。下文所列畢達哥拉梭格拉底柏拉圖亞理士多德等學說。即由希臘敎育古來遺傳之精神所發達。而進於高尚之域者。

一 畢達哥拉 Pythagoras.

知畢達哥拉所創之畢達哥拉盟社。在西方希臘之克倫頓。有何如勢力。即知畢達哥拉敎育上意見之不可不注意矣。而知原初之畢達哥拉盟社。如何爲宗敎的。如何爲斯巴達的。如何爲道德的。即知畢達哥拉敎育上意見之方針矣。一言蔽之。以偉大師父之德。造嚴格之道德的人物。是畢達哥拉敎育之主旨。

造嚴格之道德的人物者。使斯巴達男子。具勇壯堅忍之精神。鍊磨其嚴正調和之品格是也。故畢達哥拉教育之精神。在嚴酷、堅忍、規律、調和、等之琢磨。以養成嚴正之道德的人物。而欲達此目的。不得不賴嚴格之宗教的訓練。不得不賴十分鍛鍊十分琢磨之薰陶法。故相傳畢達哥拉於最嚴格之誓言之下。用最宗教的鍛鍊法。非無故也。史家中每有謂畢達哥拉以調和爲教育之目的者。但其所謂調和。與尋常之調和不同。而有斯巴達之風之嚴正的調和也。氏欲達此目的。立如何之課目乎。其重者。在以諸種工夫鍛鍊心意。然欲先鍊磨知識。故大奬勵數學。又欲養成記憶力。令暗誦極簡潔之問答。如『在世界最大者何乎、曰謹愼是也、』等類。又別授音樂。以圖精神之和諧。要之鍛鍊者。氏教育之主旨也。

二　梭格拉底 Socrates.

梭格拉底以感化靑年。誘導後進。使進於善美之道。爲終生目的。旣非如畢達哥拉之嚴酷。有偏於斯巴達之風。又反抗梭凋斯特派之詭辯。以矯時弊。嘗曰。我與其爲政治家立法家而理國務何如爲教育家以造出國家重要之人物也。於此可知梭格拉底之志矣。

請言梭格拉底教育之主旨。彼其於哲學也。以道德上之善。爲一切行爲之目的。故其教育主旨。亦不外是。據梭格拉底言眞實知事物者。即眞實能行事理物之謂。智與行。是一非二。人所以不能爲善事者。爲其不能眞實理解事物也。故有正當之行爲。必先有眞實之智識。教育之必要也。以此何也。無教育則不能行善事也。

彼又曰。正義、及其他各美德者。一種之學耳。不知此等美德則種種美德的行爲皆不能成。就令努力行之。其方針必誤。故必具備此學之人。始能爲正當善美之行爲。然則氏教育之目的。在道德上之善。而欲進於道德上之善。舍教育末由矣。

彼又曰。賢者所當具備者。明決之判斷力。强健之記憶力。及一切完全有用之知識也。以若是之人。得眞實之敎育。此等善良之知能。發達可至無垠。不特一身受幸福。一家受幸福。更能造幸福於他人。而毓榮一國。由此可知修練道德上之善者。氏敎育之目的。造幸福於一家及一國者。氏敎育之精神也。

希臘古來之理想所謂調和整齊之『美』者。至梭格拉底時。已混入『善』之意義。彼嘗曰。汝以爲善與美異乎。不知美與善意義本同。又曰。世間有用者。皆美也。皆可謂之善也。彼蓋以有用爲善美。無用爲醜惡。然則其尊崇調和之美。即不外尊崇道德上之善矣。

梭格拉底用如何學科。以達此敎育之目的乎。希臘古來之習慣。以體操音樂爲入門。固不待言。彼又以自己之明晰判斷。參酌古聖賢之遺訓。專授人以人事有用之知識。即可以治一身。可以利他人所必要之知識與判斷是也。此知識與判斷中。最必要最高遠者。爲『知自己』之功夫。彼常訓人曰。『汝知己』。汝眞能知己則能知一切人事所必要者矣。

氏甚賤數學理學等之科學。時科學未發達。理學之說明。頗荒唐奇怪。徒流於梭潤斯特派之詭辯。無大效驗。氏又急欲救道德之腐敗。迂遠之學。無暇顧之。若數學理學等眞有効驗於世。氏安肯力排乎。彼曰此類科學。不及他種學問之重要。故不得不置之。且於實際上並無効力。何必學也。然則梭格拉底豈妄斥科學者哉。勢不得已耳。

更有當注意者。氏之教授法也。氏論教育之根本曰。人咸具有可以發達之種子及萌芽。詳言之。則人之生也。除下愚不移之外。皆具有可以開發之性。導之適當。必能發達其善良之精神。方針若誤。雖天稟絕特固有之能力。亦終不能發達。氏既持此思想。其教授法。自有合於今日所謂開發教授法之旨。雖謂開發教授法。皆萌芽於氏。亦無不可。

氏專以淺近之問答教授青年。問答法中最重者爲『產婆法』。Maientics. 產婆法者。凡教人。非由教師授知識於生徒。由生徒心中發生知識也。是故氏之教人。

不欲於最初時。直揭其理。先爲種種問答。令人自認識之。今日所謂開發教授即此。氏以此自稱『產婆』。其後至稱此法爲『梭格拉底法』云。產婆法中又以『反語法』爲最要。反語法者。問者言有謬誤。不直指正之。即以其誤語爲數段問答。至其終則問者自覺其言之誤矣。要之。氏慨常人之知識皆淺薄。不能洞徹事理之骨髓。因用此等反語的產婆法。開發人固有知識之萌芽。是最宜注意者也。

三柏拉圖 Platon.

梭格拉底雖終生以敎育家自任。然無一定組織之敎育說。至其門弟柏拉圖及柏拉圖門弟亞理士多德。始有之。柏拉圖於敎育事業。如何解釋。觀其所著『共和政治』中所論。可見一斑。彼蓋以敎育爲國家重要事業也。吾人由柏拉圖之言。始知敎育目的在道德上、與國家之目的上、定之。

氏以爲人之目的。在道德上之善美。故肉體上之善美。不如精神上之善美。國家者衆個人之團體。其目的在互相扶掖。互相依賴。以達於善美之境。國民如一家之衆族。當同心協力。以達於正義、中和、節操、智慧、諸美德爲宗旨。國家之目的既如此。則必宜具備可以達此目的之機關。敎育事業。即其機關之一。

氏固謂養成正義、中和、節操、智慧、諸美德之衆個人爲敎育目的矣。此言與其師梭格拉底所見同。彼以達於正義、中和、節操、諸美德爲目的。即以達於精神上善美之境界爲目的也。欲精神上之善美。不可不基於肉體上之壯美。蓋身體先得調和整齊之美。精神始得善美焉。

是故敎育者。專以養成衆個人精神肉體之善美爲目的。由此造成完全之國家。但敎育之事。非自外界增附兒童以智德也。人之本來。皆有可以發達之智德種子。智德種子本備於各人之靈魂。譬如眼不得不由暗黑而轉向於光明。人亦具有不得不進於高尙境界之本質。敎育之旨。不過使之長大使之開發耳。若謂敎育猶授盲人以眼者。臆說也。

氏據國家目的以論敎育之目的。大畧如此。氏蓋謂一個人及一家。咸爲國家所束縛。故其教育不可不合國家之目的。詳言之則當爲國家的教育也。是固氏之精神也。教育既爲國家的。故必規定教育制度以計畫國家之幸福。氏曰。全國民之階級。分爲三種。曰奴隸及農工商社會。曰軍人社會。曰高等官社會。三等社會中。奴隸不必用何種教育。農工商社會。但有可以處理日用事之知識亦足矣。惟軍人及官吏社會。有必要之教育。軍人及官吏社會之『治者』也。關係於國家運命甚重。故國家宜盡正當之職分。特教育此類可爲軍人官吏之子弟。

氏於此等社會子弟之教育。所見如何。彼於幼兒之養育。男女子之教育。及高等官吏之教育。所示方法。頗爲緻密。雖其言常涉於幻怪。然氏固持唯心論者也。其言之如是亦宜。

第一　幼兒當專重體育。氏曰。有完全之養育。乃有最美最善之身體與精神。最美之身體者。在於幼稚時。得最正之養育也。十齡下之小兒。一面令學音樂。（狹義之音樂）一面不可不專授以體育。此等體育。不必別爲之。可授之於公立養育所。男女六歲前。當合併教授。七歲。則別其養育所。然養育所雖別。而所學之科目仍同。凡幼兒之體育。依其年齒。當有種種差別。不待言矣。最幼稚之男女。當令爲無邪之遊戲。語以有益之『小說』。而施適宜之注意於其間。徜徉田野。迴遊殿堂。小兒所最好也。總之幼兒教育之要。在因其固有喜樂之情。以發育其身體。使極正當而已。或徒鞭扑之。或曲徇其好。皆非善教育者。幼兒或喜或悲時。能洞知其天稟之性。是教師之職務。男女漸長。自馬術、弓術、投鎗術、柔術、以至舞蹈、狩獵、漁獵等。宜就學於各師。

第二　將來或爲軍人或爲官吏者之教育。氏論之頗詳。據此可益知其教育說之傾向。氏曰。教育之道無他。就身體言則授體操。就心言則授音樂也。但授此等音樂體操於兒童。宜注意周到。事莫要於慎始。養育幼稚。何獨不然。此時代特殊之銘感。最易印於腦。且最易製造之。音樂中如讀書習字。此時（十歲以後）始可學習。惟算術。與善行無直接之關係。不教及之云。氏之重體操也。吾人不必注意。

惟當記憶者。氏之注重音樂也。

柏拉圖謂可以發育精神之善美者。莫如音樂。故特重之。蓋音樂最能刺激人情。用之適當。於教育上有莫大之效果。氏曰。音樂的訓鍊。最爲緊要。其音律。其調和。深徹靈魂之骨髓。感人最强。人若據此而用正當之訓鍊。則於指摘製作物之缺點與汙點。判斷著作物之如何也甚易且也。嫌惡之情。既得其正。則於其他面。自可賞玩其美。賞玩其美而永養於心。則漸漬薰染而可爲有德之善人。一言蔽之。善美之音樂。能造善美之心。音樂者。可爲精神教育唯一之要具。氏注重音樂如此。豈惟於詩歌之音調及格律等。有所詮議。即詩歌之人物、事情、文體等。亦有嚴格之制限。專取其可以養成善美精神者。餘一切禁之。

柏拉圖以精神之善美。釋教育本旨。於其偏重音樂可以知之。氏之論體操也。謂美其身體。即所以美其精神。其論音樂也。以爲美善之精神。有大影響於身體之美。然則氏以精神之美善。爲即教育本旨。不益瞭然乎。

第三　將來爲國家之『治者』。有左右一國運命之人。不可無其準備教育。氏嘗以一家喻一國。謂當互相輔翼。而以達於眞正善美之境界爲目的。氏稱此國家爲『哲學的國家』。氏又正言曰。非哲學者。斷難治完全之國家。欲治完全之國家。賴有哲學者。彼蓋以哲學爲眞理眞善眞美之學。即一切之善之學也。國家之目的。亦在一切之善。故眞正國家。惟眞正哲學者能統御之。其說之是非姑勿論。要之於此亦可見柏氏唯心的傾向。

可爲如此國家之『治者』。於二十歲以前。當受通常敎育。後十年間。當先修數學、理學、地質學、星學等。以爲入哲學之準備。卒業此等學科後。當以五年間專修哲理學。以鍛鍊能力。以尋究永遠不朽之眞理。至三十五歲。則出於世間。而練習事務。逮五十歲。始可爲國家之『治者』。

四亞理士多德 Aristotles.

亞理士多德與柏拉圖之敎育說。大端雖無甚異。其細密之點。則頗不同。柏氏之說。理想的也。亞氏之說。組織的又實際的也。亞氏教育之意見。散見於其所著『政治學』之第七八卷。及其『倫理學』之數處。至其手成之『教授書』不傳於口。不知所言云何。請就上兩書。撮舉其所見之大要如下。

教育者何也。是疑問也。亞氏對此疑問。同乎栢拉圖之所見。皆據人世之目的及國家之目的上規定之。亞氏謂人莫不欲求幸福。從眞理愛眞美實行諸美德。以求眞正之幸福。是人世之目的。完全之國家。其目的亦不外求眞正之幸福。使國民互相一致。以尋眞理愛眞美。實行正義、勇壯、服從、中庸、種種之美德。以充實幸福於國內。是即國家之目的。欲造如此國家。不可不先造造此國家所必要之市民。何則。法律爲治國之要。然法律無論有如何之實際。如何得各政治家之贊助。苟非市民所習慣。且因此而能有所養者。必無甚効果。教育所以宜重也。立法家若不施正當之教育於市民。安能造國家之幸福。尤安能保守國家之幸福。然則教育宜爲國家的。且宜適合於國家之特質也明甚。與其任各人自爲謀。何如政府自課之。使有一定法則乎。各箇人者國家之一體。尊崇全體之善。乃各體自然之義務。且也。各都府（國家）有一定目的。不論市民爲誰。教育之方針。當爲公共的。決不可爲各箇人的。故國家不可不以法律規定之。

以上但由國家之目的上說明教育之目的。——亞氏更論教育要旨曰。教育之要旨何如乎。此疑問也。或曰。教育者。使兒女習美德。或曰。教育者。授以日常必要之事。要之一以爲改進智性之事。一以爲涵養德性之事。其論蓋未定矣。今日所行教育。當兼具此二者。——亞氏非但以智性之教育解教育全體。蓋以鍊磨智性。涵養德性。因而增進人所求之幸福者解之。夫鍊磨智性。本爲求幸福。幸福者不外所謂道德的善。可知氏於教育之要旨。即解以道德的善矣。吾人於此當注意者。氏以智性鍊磨歸入於道德的教育之中。非如近世某學者區別智育於德育外也。

——亞氏更說明教育之價值曰。人之價值。以天性、習慣、道理、三者定之。天性者。人生所禀受身體及精神之狀態。是也。習慣者。由訓鍊琢磨而矯正其天性也。道理者能以理性抑制諸惡。人之所異於禽獸也第一之天性。雖可以多少習慣矯正之。惟欲其全然變化。則非人力所能爲。故敎育能力所及之範圍。在於習慣與道理二者。若夫天性。非可竟以敎育變化之矣。敎育之價值。在附人以善良之習慣。與足以制抑諸惡之理性。進言之。則僅授人以知識者。非敎育之能事。敎育之能事。當使人知之而實行之。以成善良之習慣。不過欲附人以善良之習慣。宜使之先明乎正不正之界限。敎育所以爲涵養苦樂之正也。

氏所言敎育之目的、要旨、價值。已述如右。此等理論。氏將如何實施之乎。畧叙如下。

氏謂人之發達有三級。（第一）身體之發達。（第二）感性（即情欲）之發達。（第三）靈智（卽理性）之發達。敎育之順序。亦當準此。雖然。謀身體之發育時。不可忘靈智之發育。謀靈智之發育時。亦不可忘感性之發育。

第一　敎育幼兒。亞氏所見。比之栢拉圖更有實際。栢氏謂無論如何幼兒。亦當令入公共教育所。亞氏則謂男女七歲以前。當依家庭教育。家庭教育之說。創於亞氏。亞氏以爲兒女將來之傾向如何。莫不胚胎於家庭教育。故此事最當注意周到。家庭教育之方針。分爲二段。曰五歲前之養育。曰五歲至七歲時之養育。五歲前養育之主旨。專在發育身體。此時期無論何等之事。不宜教授之。恐損身體發達。即如必要之勞力。亦勿宜爲。但教之能耐寒暑耳。如以冷水浴身。即壯健兒女身體之便法。至五歲。則謀其身體發育之外。亦不可忘其心的訓鍊。兒女將來之傾向如何。由此時心的訓鍊之如何而定。此時宜灌輸以涉近有益之語論說。與名人格言。至於不適當之事物。及醜惡之事。流於懶惰之事。皆在所戒。幼習於虛僞。及長必更甚也。觀劇。亦宜禁。

第二　男女至七歲。當入公共學校。此時期所當教授者。（第一）體操（第二）讀書（第三）繪畫（第四）音樂。

（第一）體操爲身體發育之要旨。無待言矣。又當視其年齡及身體。而課以適宜之運動。不可專重體操。妨礙心的訓練。心與體非同時能動者。動其一方。則於他方有反對之結果。身體之勞動。有妨精神之進步。精神之勞動。有妨身體之發育。故體操之事。限定其不妨心的訓練者爲要。

（第二）讀書、（第三）繪畫、皆日常必要之知識。讀書之要不待論。教授繪畫者。於幼時養其判別醜美之力。而增進其『完全身體之美』之觀念者也。

（第四）世俗論音樂。但以爲娛樂之用。豈知其効固不止此。古人以爲教育要具。蓋有深意。觀栢拉圖所言。音樂者。於吾人道德的訓練。影響不少。音樂能與靈魂以熱情。其熱情即靈魂之變動。甚足以刺激吾人之心性。有此刺激。安有於吾人德性毫無影響之理。且也。音樂之特趣。在於調和。調和美妙之音調。足以促靈魂之調和美妙。然則音樂者有清淨人心之効力。有拂拭凡百之汚情。而使精神玲瓏之効力。豈非教育之要具乎。

希臘教育之概評

希臘教育之大要。畧述如上。自和美耳時代至上代希臘之末葉。其間變遷不少。雖未有如今日精密之教育說。然而上代希臘教育之目的。特注重於心身善美之一事。曷證之。證之於希臘人民思想。彼謂教育者非徒訓錬智性。當以人之善美爲目的也。希臘民固美術之民。故有偏重於美之嫌。又其所言。動過於理想。然彼之所謂美。與今人之所謂美頗異。無論何事。亦規則秩然。清淨純潔。而具有整齊調和之趣。因達於至善如神之境。是彼等教育之理想。若栢拉圖亞理士多德等。據人生之目的國家之目的。以定教育之目的。是則吾人所宜記憶。亦近代教育學者所負荷之最大點歟。此點也。即希臘人遺吾人以教育之最大眞理也。

第二章　羅馬之教育

羅馬教育之淵源

希臘國民。可謂之美術之民與文藝之民。羅馬國民。則可謂實際之國民矣。一則精神的理論的又理想的國民也。一則實行的常識的又現世的國民也。請言其所以異善美者。希臘人之理想。實際界之成功及法律者。羅馬人之理想。不觀純粹羅馬人（本部伊大利種族）所成就之事蹟乎。彼以羅馬府爲中心點。征服全部伊大利。擴張其領土。遂能役屬小亞細亞亞非利加希臘及其他北方西方諸强族。建造古來未有之一大帝國。儼然君臨世界。豈不偉哉。然亦賴有政治法律之民。始能內統其國。外撫諸小邦也。是可斷言之曰。羅馬人者。實行的國民。又法律之民也。

請舉羅馬國民之重要特質。羅馬人質樸强健。重義務、信義、節操、廉恥、等美德及處理實際的業務所必要之知識。本非若雅典市民。徉徜於理想界。頗似斯巴達市民。確立於常識界。故無大學者及大敎育家。何也。論理立學。羅馬人不屑也。錫尼加曰。敎說迂遠。不若證例之簡易而適切。可謂能表示羅馬人『非理論的傾向』者矣。然羅馬人非無主義。無節操。徒尚武勇之民。彼固篤敬神之念。富愛子之情。守義務。重信義。勵廉恥。具備尙武國民所特有之武士的美德者也。

上代羅馬人之特質如是。彼自平定四海而後。驕心漸起。戀戀於希臘文學之末技。無論其適良與否。皆模倣之。羅馬人固有之武士的美風。逐漸消磨。今日所知之羅馬教育說。皆此後時代所出現者。欲全窺純粹羅馬教育之精神。難矣。雖然。羅馬人固有之特質。亦不因希臘文明之勢力。剗革淨盡。吾人即可據此教育說。以畧窺其教育之精神。羅馬教育歷史。當大別爲二。一未受希臘文化影響之時代。一既受希臘文化影響之時代。

羅馬教育之精神

羅馬人之特質。不重理論而重實際。其教育即可據此爲斷。彼等謂教育說之理論。失諸迂遠。故希臘出有大教育家及教育說。而羅馬無之。即有郭英迭利安及蒲羅達克等片片之所見。又不能勝栢拉圖亞理士多德等。僅敷衍前人之遺訓而止。豈惟教育說如是。亦未嘗重視學校。不完全之私塾。雖所在多有。然國家於教育。視若可有可無。不以爲國家的事業。此亦由於彼等習慣。彼等家庭教育頗備。(下文詳言之)又其實際的傾向自能驅之使重實際的事業而不重理論也。是以吾人於羅馬教育所得頗少亦自然之結果歟。尋其精神。則大要如下。

約言之。羅馬教育以實用的道德之訓練爲其目的而已。古代羅馬教育其精神雖難盡知。然其子女。皆發育於嚴格之家庭教育之下。則其教育不外清廉廉恥、孝行、愛國、勤勉、等實際的道德之修養可想。後希臘文化之影響漸著。就中斯多亞派之嚴格學風漸盛。始悟以道德上之至善爲教育之目的。然羅馬人所謂至善與希臘人所謂至善內容頗異。希臘人含有理想的意義。羅馬人則因其特性而含有實際的常識的意義。故實際的常識的道德之修養。是羅馬教育之最高目的。試舉羅馬教育家之所見。

支錫路(西紀前自一零六年至四三年)曰。教育者。發揚人之天性使之有德也。

錫尼加(西紀後五六年)曰。教育者應於個人之特性。而矯正其所醜惡。助長其所善美也。蓋錫尼加奉斯多亞派之嚴酷道義。故取斯多亞派之嚴格。以造就清廉之人物。爲教育要旨。更觀錫尼加之三格言。（第一）學也者。非學校之爲而生活之爲也。（第二）教說迂遠。不如例證之簡易而適切。（第三）教即學也。可知其教育之目的。不外實際的道德矣。

更揭羅馬二大教育家郭英迭利安及蒲羅達克之所見。

郭英迭利安之（西紀後九五年）初任羅馬官立雄辯學校長也。所著『雄辯法規』中。常撮舉其教育上之所見。當時學者。謂教育之目的。在於雄辯。能養成處理實事之能力者。以雄辯法爲最上。郭英迭利安亦採此說。以爲教育目的。不外雄辯。惟其所謂雄辯。與世人不同。氏曰。所謂雄辯者。非如世俗見解。但以實用知識言之。其中蓋含有有德之意義。夫所以能造雄辯家者。在其人之性情。有美性情。始可爲雄辯家。雄辯之精神。不外美德。可知郭英迭利安亦以教育目的。在實際的道德之修養矣。

蒲羅達克（西紀後一三八年）錄希臘羅馬諸賢哲豪傑之性行。以爲後人道德之模範。氏於教育上所最注意者。在良心之修養。氏本希臘人。其學風以柏拉圖亞理士多德等自負者不少。故其論教育。亦頗似希臘人之學說。雖謂其適用希臘人之思想於羅馬人。亦無不可。氏曰。使少年自訴於其良心而決疑義。以良心爲靈魂之守護。此等教法。最爲緊要。總之以適當之方法。感起少年之良心。鼓舞少年之叡智。使爲高尚之活動。是教師之務也云云。

要之羅馬教育之精神。在實際的道德之修養。雖因時因地。其主義有種種變化。或有時失其教育之本末。然而羅馬人因其特性。以修練實際的道德。是固羅馬普通教育之要旨矣。

羅馬教育之制度

羅馬人不以教育事業爲國家事業。故其學校之組織。殆無足觀。後代雖有一二官立雄辯學校。而絕無普通教育之官立學校。但諸教育家所遺實地教育法中。間有當注意者。吾人因此可窺羅馬人所懷抱教育制度之一斑焉。

羅馬教育第一當注意者。爲家庭教育。羅馬人家長之權。本屬於父。然母之權利亦不少。主持家政。不待言矣。卽養育子弟。亦其責任。故羅馬婦人之地位頗高。婚姻之法。又頗備。人人以得賢妻良母爲幸。蒲羅達克曰。女子亦有養育子弟之責。與男子同。故宜授相當之教育。學科則同於最初之男子。以讀書、習字、算術、等爲宜。哲學（實用的道德學）亦宜授之。但女性之所以異乎男子者。在自然之柔和。非有以助長之。教育卽有未盡。然則羅馬人重視爲母之責任可知矣。夫所以重母若是者。卽其重家庭教育之結果也。蒲羅達克最重家庭教育。故曰。小兒之教育。分娩後卽當行之。若乳母保母等之必當選擇。則諸教育家所論皆同。總之羅馬人家庭教育。重體育德育二者。方法亦頗完備。試思其愛子之情何如濃厚。然不憂家庭以外教育之不完全。其故卽可知矣。

其學校可以特記者甚少。當西紀前五十年頃。已有學校。以『十二銅標』之讀法。爲初等入門教育。其後於教授科目中。加美術、文學、哲學、等。則受希臘文化之影嚮也。學校之種類區之爲三。

初等學校　授以讀書、（多是詩歌）習字、算術、體操等。大抵教七歲至十二歲之兒女。詩歌則概取其能爲道德教育之具者。

中等學校　始於詩歌、文法等。數學、哲學、等亦授之。此所謂詩歌哲學。即羅馬人之所謂雄辯法。以實用的道德爲其主眼也。教十二歲及十五歲之成童。

高等學校　有名之雄辯家所立之私塾也。授之以所謂雄辯法。（文學政治學實用道德學哲學等）其主旨在養成將來宰治社會及國家之人物。

要之希臘人之教育。文藝的也。羅馬人之教育。實用的也。尙有宜記憶者。支錫路謂文章、哲學、之外。當教歷史。郭英迭利安謂當學文法、幾何學、物理學、論理學、等。以爲雄辯法之預備。

最後當注意者。二三教育家所指示之兒女教授法是也。支錫路曰。教師當具寬恕之心。錫尼加曰。與其賴教說。不如賴例證。郭英迭利安曰。課小兒不可用體罰。

當令小兒樂於學問。有遊技之感。又曰。記憶力者。少年時代。發達最速。當利用之。而早施教育。蓋記憶力可爲諸能力之基。蒲羅達克曰。教授課目。不宜過多。宜量兒童之能力。以小量之事。丁寧教授之。又曰。訓練者。成童較之兒童。爲尤不可少。蓋成童動流於不德。駕御不善。方向必誤。凡此。皆羅馬人所遺之教授法也。

羅馬教育之批評

羅馬教育之特色。在下三點。

第一 羅馬教育之精神。在實用的道德之修養。雖因希臘文化之影響。有多少變動。然其本根主義。仍不外是。

第二 羅馬人雖以非理論的傾向。未嘗有顯著之教育說。然其實際上家庭教育。亦有多少好模範。遺傳後人。又如重視女子教育。亦能令後人興起。

第三 羅馬人以非理論的傾向。亦有郭英迭利安及蒲羅達克等所說之教授法。授業術之萌芽。畧見於此。

要之羅馬人對於希臘人文藝的敎育。而別遺吾人以實用的敎育者也。若其模範希臘之文學。乃末葉之事。

第三章　基督敎徒之敎育

羅馬與克率斯大帝晚年至其後數世。有非常影響於歐洲全體文化之一大事焉。卽耶蘇基督生於必列興其敎徒熱心傳敎於希臘羅馬及其他諸國紀元後三百年間羅馬君士坦丁大帝時。基督敎之主旨已流播於四方。是也夫歐洲今日之文明。實由希臘拉丁(羅馬)條頓種族。及猶太之基督敎。三原質成之。史家皆無異詞。吾謂能成歐洲今日之敎育者亦不外此三原質希臘羅馬敎育已述於前。條頓種族敎育。應詳於後。今當述基督敎徒之敎育基督敎於歐洲文化有如何影響。無待喋喋。此敎主旨深入於歐洲精神界之骨髓。歐洲全體之文化。實賴基督敎而鞏其基礎。而基督敎主義之敎育。如何有大關係於現時之敎育。亦可推而知矣。

基督教之教育的精神

就廣義言之。宗教者。欲普導人類於所謂正義也。基督教何莫不然。吾人於基督教本國。（猶太）及其初代教徒。雖不見所謂教育家教育學者。然於彼等躬行事業中。自不得不認其含有特有之教育的精神。蓋彼等以神爲全智全能之本體。以基督爲人類之模範。而以與神合一倣傚基督以教化人類爲其本分。然則彼等教育的精神。如何顯著。如何高尚。可知矣。若是乎初代之基督教徒。雖未有所謂教育家教育學者。而其教育的精神。固可師法也。卽如現時歐洲教育。若盡除基督教的影響。所得必甚少。

基督教徒之教育的精神。其要點如下。

第一　以宗教爲教育之根本　希臘人以身心之善美爲教育根本。羅馬人以實際的道德爲教育根本。基督教徒則於更深遠更莊嚴之根本上。立教育基礎。卽以宗教爲教育之根本也。此一事爲教育史上最當注意之一要點。近代宗教種類甚雜。分派又多歧異。有謂敎育不可偏於一宗派者。有謂敎育事業不可羼入宗敎的元素者。雖然。完全之敎育果不賴何等宗敎乎。尚未易決也。若謂敎育目的。當自倫理學定之。則宗敎即倫理之終極。謂其全無關係於敎育。可斷言之乎。若謂完全之敎育。當以完全之宗敎爲基。則基督敎徒在歐洲。可謂始以宗敎爲基。而立敎育於其上者矣。即不然。彼等實以宗敎爲敎育根本。開前此未有之例者也。吾人所以當注重於彼等敎育的精神也。現代歐洲之敎育。雖根本哲學。然謂於從來基督敎敎育的精神。無所影響。夫安能乎。

抑猶太人。依宗敎而立者也。故謂彼等之敎育。以宗敎爲基礎。毋寧謂彼等依宗敎而受敎育焉。彼等最大之目的。在敬愛神之一事。以爲敬愛神者。即諸智慧之根。遵神之法律。服神之命令。實行基督之精神。模倣基督之言行。雖在地上。亦享受天國之善福。至世間種種事業。皆由神管理而行。故種種事業。皆所以成就神之目的。吾人須愛神敬神。愛神敬神。即吾人獨一無二之目的。舉可以達此最高目的之方法教人。即教育獨一無二之目的。是故初代基督教徒。以聖書爲唯一之教課用書。無異希臘人以和美耳之詩集爲唯一之學校用書。要之。初代基督教徒。舉教育全部歸之宗教。以爲非宗教的教育。即非正當之教育也。

第二以博愛爲宗旨　彼等宗教的教育。以何者爲理想乎。曰博愛。基督所訓示之根本。在愛神愛人。以形成圓滿之天國於地上。故脫去俗界之汚穢。人人皆結合於純潔之愛情。以造出淸淨樂園者。基督教徒之理想也。堅苦忍耐。愛敵如友。報惡以善。以感化世人。使人人均讚歎神德者。基督教徒之最高理想也。今日歐洲人之思想。尙爲此精神所刺激。所謂品性淘汰之中。以博愛爲最高之美德者。非即爲基督教之精神所鎔冶乎。

第三教育之平等　彼等旣以人類皆在一神管理之下。皆當從神之法律。故以爲無上下。無貴賤。一切平等。皆爲神之子。皆可受一定之教化。夫希臘羅馬之於敎育。雖有視爲國家之事者。然未視爲人類之事也。初代基督敎徒之所謂平等。其思想或不如今人所謂平等之高遠。然彼固不跼蹐於一國家之狹隘範圍者矣。彼等亦非忘國家者。但其所注意。在於世界之人類。蓋無論何國。無論何地。皆立於一神法律之下。皆受神之恩。故彼等目中。無貴賤上下之差。無此國民與彼國民之別。以爲人類皆平等。皆神之子。皆可受敎育也。

此等思想發達以來。從前以敎育爲國家的者。至是更以爲世界的個人的矣。此要點頗宜注意。

基督敎徒之敎育制度

基督敎之始布於歐洲也。羅馬帝國。迫於外侮內患。一般人民。皆無學問。而粗野之條頓種族。又漸得勢力。時普通敎育之思想。殆未寄生於世人腦中。基督敎徒。亦惟於家庭間。施多少敎育於其子弟。並無一定方針。雖然。基督敎徒。以傳敎爲主旨。不能不盡力造就少年。使熟通其敎義。當時的羅治安克列勉特阿利健尼斯等早已洞矚於此。於是有所謂法門學校。Katechitical school法門學校者。專敎基督敎敎儀者也。(僅令暗記)先敎以十誡祈禱文等。再敎以聖書之文。最完全者。則修業三年。簡易者六七月耳。時此種學校最盛者。爲亞歷山德亞府之學校。

基督敎既爲羅馬國敎。徧立寺院於各處。於是附屬寺院者有多數之學校。所謂寺院學校是也。此等學校之組織。可分爲二。曰內學。曰外學。內學者專敎可爲僧侶之子弟。其學科全在基督敎敎儀。外學者廣敎俗民之子弟。其學科亦敎基督敎敎儀。惟於其初級。則授以綴字、習字、等。於其高級。亦常授以文法、修辭、算術、音樂、天文學、等云。

寺院學校之外。各寺領又有寺領學校。以羅馬法王之訓令而建者也。其組織。與前之法門學校大同小異云。

第二編　中代教育學史

第四章　前半期之教育

中世紀教育不振之事情

自第五世紀末西羅馬滅亡(紀元四七六年)至第十五世紀末東羅馬滅亡。(紀元一四五三年)十世紀間謂之中世紀。史家以爲黑暗時代。就中如教育一事衰蒽已極。故就一端言之。視希臘羅馬時代。可謂退步。然由歐洲今日文明史上觀之。則中世紀之歷史實近世紀歷史之準備。上代歷史專爲羅馬希臘之歷史與條頓種族。及其他之歐洲種族。未有關係。自西羅馬分裂。於是野蠻之條頓種族漸與文明之希臘羅馬人交通。於政治上社會上。遂能吸集其文明。以有今日之文化。故中世紀者。實條頓種族享受希臘羅馬之舊文明。與基督教之新勢力。漸與同化之時代也。

且也新出現於世界歷史之舞臺之條頓種族者。蠻民也。未嘗呼吸文明之空氣也。此等蠻民之多數。雖嘗爲沙立曼大帝所統一。然而野蠻如故。況是時。戰國也。兵禍旣烈。保護生命財產。猶汲汲不遑。何暇講求敎育事業。以爲文明基礎乎。條頓各種族。又未有固定之言語。可以代表文字。雖與拉丁（羅馬）人交通。漸習其言語。然雜以各種族固有之方言。未能用純粹之拉丁語。不過用各種之訛言語耳。而是時官文書。則皆用拉丁語。故中世紀無論何人。皆不易解普通之文字。此事於文化之普及。障礙極矣。然則中世紀之上半期。上流社會中。尚無有能解文字者。尺以知文字爲勇者之恥。況下流社會之俗民哉。其無敎育思想。又何足怪。

此黑暗時代。有於學界上放一線之微光者。惟蟄居寺院內之僧侶社會。而僧侶社會。亦非能大勵學問者。特其所處之境遇。尙能從事於此。不至斷絕之耳。

此黑暗時代中。有一事畧可注目。即沙立曼大帝（第七四二年生）謀敎育之普及是。沙立曼大帝。以爲能統一國俗者。莫宗敎及敎育若。於是創設學校於宮殿中。禮聘諸方學者。盛獎勵敎育事業。其方針專倣當時宗門學校。以基督敎敎儀爲基。又憂僧侶社會愚暗無學。熱心誘導之。或促寺院學校之改善。或廣寺領學校之範圍。然所志未成。溘然遂逝。嗣其後者。放擲大帝之遺志而不顧。而教育中興之望絕矣。

前半期之教育的精神

中世紀教育不振如是。欲尋其顯著之教育的精神。夫安能得。況一定之學說乎。惟僧侶社會。於學界上放一隙之微光。請稍言其教育的精神。中世紀者。基督教握一切主權之時代。政治上教育上之權力。皆爲基督教所占有。此點頗要。可畧述之。

中世紀之基督教義。以爲身體者。束縛精神之障礙物也。現世者。吾人罪業所造出之汚土也。吾人可貴者。聖靈界精神界也。可賤者。現世界肉體界也。吾人自先代以來。既受此肉體。生此汚土矣。故吾人最大之目的。在脫離此不淨界。而再生於來世之神聖天國。當時教義既如此。宜乎以羅馬法王爲諸國王之王。而以基督教握一切世事之主權也。故中世紀無論政治學問及一切世事。皆屈服於嚴酷之基督教足下。是蓋亂世蠻俗（知有肉體而不知精神之可貴之蠻俗）進入文明所必經之階級。又有不得已之事情以胚胎之。殆自然之結果歟。

夫如是中世紀之教育。安得不爲宗教的。故初代基督教徒所創設之教育制度。仍爲中世紀之教育制度。中世紀卑肉體。輕現世。厭世之念漸盛。故其教育精神。亦漸傾於節欲的厭世的。若寺院學校。若寺領學校。惟隱遯的社會之僧侶受其教育。與一般人民無涉。寺院學校寺領學校所教。不過敷衍基督教之遺訓。嚴禁一切古典文學及諸科學。總之彼等教育之要旨。在形式上嚴酷節欲。以希望來世之幸福而已。

下所錄者第三世紀第四世紀學者所唱導。然其精神尚傳至中世紀之前半期。

的羅治利安曰。

汝等癖好科學文學乎。則既有數多之詩歌文章矣。（基督教之詩歌文章）於此惟有眞理。並無空言。惟有純潔。並無不自然之諧音。(中畧)汝等求科學乎。我等旣有之。雖然。汝等誌之。此非比雅典者也。較於耶路撒冷。而雅典何有。較於教會而阿加的美何有。我等之訓。自棱露孟學校而來。遵此訓則心清。心清者天主可求也。

歐卡士焦曰。

無目的無神之妄譚。決非與我等之自由一致者也。又雄辯學者磨鍊誇張之僞言。哲學者之搖唇弄舌。亦非與吾人之自由一致者也。如此者神皆禁之。其偏於嚴酷主義。即此可見矣。

第五章　後半期之教育

中世紀後半期之事情

通中世紀皆教育不振之時代。就全體上言之。後半期比前半期。頗有異趣。然教育一事仍無大差別。後半期重要之事件。曰羅馬法王權力之勃興。曰十字軍之遠征。曰封建制度之建設。曰都府之勃興。當時社會。有三大階級。（第一）僧侶社會。（第二）武士社會。（第三）普通市民。僧侶社會。獨握學問之霸權。羅馬法王。乃立於衆民中最高位之帝王。一切學問。一切世事。皆爲教會之犧牲。故第十一二世紀之頃。歐洲諸國所盛行之士哥拉哲學。亦惟以論理的整頓基督教教儀爲目的。而奴隸於羅馬教會之下。羅馬教會勢力。膨脹極矣。洎中世紀之末。漸有流於形式的教會。與之反對而不可制。即對於基督教之超然的傾向。（即出世間的又靈界的傾向）漸有自然的傾向（即世間的又凡俗的傾向）之出現。是也。

自十字軍遠征。武人勢力驟强。普通市民亦漸昂其首。蓋歐洲人民。既廣察東洋諸國之風土習慣。眼界自然擴張。自然的傾向漸盛。此自然的傾向。至中世紀之末葉。次第增長。遂孕育近世之現實的文明焉。夫超然的傾向。實偏於一方之虛空的傾向耳。宜乎有世俗的現實的傾向以反對之。

中世紀後半期之事情如此。教育之精神。可推而知。舉其要者如下。

中世紀後半期之教育制度

後半期之教育制度雖與前半期無大差異。然亦有宜注意者。曰武士教育之勃興。曰都郡學校之設立。曰科學的精神之微光。曰大學校之設立是也。此等世俗的傾向。其管理權仍掌之羅馬教會。是固中世紀之特質。

一武士教育

封建制度建設以來。於是有武士教育。武士教育者。與當時僧侶教育有顯著之反對。一爲世俗的教育。一爲非世俗的教育。武士教育制度。凡武士子弟自七歲至十三歲。在母膝下。受讀書、體操、等教育。自十四歲至二十歲。在諸侯或武士家。事其夫人。及主人。稱曰侍臣。扈從外出。又修詩歌諸遊藝。及所謂七藝者。（七藝雖爲當時宗明學校之教科課目然他學校亦有學之者。即文典能辯術修辭學音樂算術幾何天文學是也。）至二十一歲。始爲獨立之武士。夫中古武士。以尊敬貴婦人爲最大美事。故其教育。亦常傾於交際的世俗的。所謂慈愛歌者。當時武士所鼓吹也。與僧侶輩之衒清節。其趣全異。

二都郡學校

平民之勢力漸高。商工業漸盛。於是有都郡學校之設。此種學校。多以敎會堂公會堂等爲之。授普通市民之子弟以讀書、習字、算術、及地理、歷史、博物等。然敎師乃僧侶。所敎育之子弟甚少。故普通敎育終不發達。

三科學之徵候

科學的精神。由亞剌比亞人而傳之歐洲。蓋亞剌比亞人。一旦占領亞非利加之北岸。及西班牙半島。盛開學校於諸都府。又輸入希臘文學。及亞歷山德亞之學問。以謀學術之普及。時歐洲人未通希臘拉丁語者。逕從亞剌比亞人學希臘之文學、及數學、幾何學、天文學、化學、醫學、等。此科學輸入歐洲之最初也。

四諸大學之設立

一方有僧侶學校。一方亦有武士敎育、都郡學校、科學敎授等。於黑暗時代。猶有學問之微光焉。此等學術的精神。次第增長。諸大學遂漸建設於各處。其始不過爲學者私塾。迨歐洲各地青年。次第來學。遂改爲大學校。學科分四種。曰哲學科。曰神學科。曰醫學科。曰法律科。此等大學其性質雖不能比近時之大學。然種種知識。普及於歐洲各地。未嘗不賴之。如士哥拉哲學。所論重在基督教教義。其論旨未免太失之獨斷。太失之煩瑣。然其論理的精神。能燭照中世人之無識。亦未可沒其功也。茲舉重要之諸大學。及其設立之年。如下。

巴理大學校	第十二世紀
奧克士科特大學校	第九世紀
伊音大學校	千三百六十六年
梯的羅卑克大學校	千三百八十六年
亨布列治大學校	第十三世紀

中世紀教育之總評

中世紀。無教育之時代也。漫漫長夜。殆歷千年。實歐洲種族造出近世文明之準備期耳。然其偏於宗教之教育。弊害功效。同時並現。實足覺悟後人。使知教育當取之方針。況其宗教的教育。亦謂教育者在使人知神知己乎。中世紀之教育。亦未可忽也。

第三編　近代前半期教育學史

教育學至最近時代。即第十八九世紀。始具整然之形。以前歷史。不過教育的精神之歷史。未可嚴密而稱爲教育學史。雖然。最近代之教育學。實孕育於先代之精神。故十八九世紀以前歷史。吾人猶當研究之。不如是則不能研究近代教育的精神。近代教育學史者。自十五世紀末以至今日之歷史。是可區之爲二。自十五世紀末至十八世紀末。名爲前半期。自是以後至今日。名爲後半期。前半期多尋其教育的精神。後半期。則教育學者蠭起之時代也。故多述諸家學說。

請言近世文明之起原。自中古偏狹主義衰落以來。第十五世紀之末。因東羅馬帝國沒落。於是希臘拉丁學者。星散於歐洲。遂有文學復興之結果。更因亞米利加大陸之發見。封建制度之衰滅、印刷術之發明。歐民眼界益擴張。輸入種種知識。遂能確立近代文明之基礎。此亦人所共知矣。以下即叙其教育精神之進步。

第六章　文學復興期及宗教改革時代之教育

文學復興期

所謂文學復興有二。一、第十三世紀之頃。伊大利盛興希臘拉丁文學。其結果有騰的勃加組俾多拉爾加等大詩人之出現。二、近代之初。東羅馬帝國既亡。君士但丁奴不（東羅馬之首府）之諸學者。流寓於伊大利。獨逸佛蘭西英吉利諸國。其結果也。希臘拉丁古文學。復興於歐洲。雖然前者實後者之前驅。騰的勃加組等實近代文明之明星也。夫中世紀之風尚。自基督敎經典外。一切文學。皆排斥之。雖以希臘拉丁之文學。亦無影響於條頓人。自中古偏狹主義漸衰退。條頓人始知古文學之趣味。而驚歎其豐富。既驚歎其豐富。自不爲單狹之經典文學所限。古文學之復興。亦因其所。伊大利者。最初之文學復興地也。歐洲諸學生。遊此者頗多。其後遂能賤偏狹之基督敎。而專取光彩陸離之古文學。獨逸雖無輕侮基督敎之風。然有識之士。以僧侶社會愚鈍無智。皆謂宜開拓古文學。以補基督敎所短。則當日之風潮可想矣。要之古文學復興者。直接影響於敎育界。易從來偏狹之風。而代之以廣大也。此後歐洲各國文藝教育興盛之淵源。胥胎於是。

試揭當時有名教育家之所說。亞俄理哥拉（一四四三年生）深慨從來教育之粗暴。謂宜以寬大待學生。又謂拉丁語、哲學、理學。宜為教授之主目。類希遼極重希伯來語。然其於學生也。謂希臘拉丁語為最要。因之感化諸生不少。又有名之威拉菘斯（一四六七年生）用希臘語繙譯新約聖書。熱心勸導學生。研究拉丁語、及歷史、地理、生物、農學等。

總之當時教育雖亦重基督教教儀。與中世同。然汲汲於古文學之輸入。則以此時為嚆矢。

宗教改革期

當時僧侶社會。無智無學。憒然於宗義之根本精神。唯有儀式的暗誦而已。於世事普通之理。一無所知。語曰。麥菽不辨。真彼等形容詞哉。僧侶猶如此。況普通民乎。斯時有吐萬丈氣燄。唱言宗教之改革者出。其關涉教育之說。頗宜注目。夫宗教改革有二大主義。(第一)人也者。惟賴其信仰心。而可生神國。(第二)聖經者。直接而示吾人以達於神之途。不必依賴僧侶也。此等主義出現以來。世人見解爲之一變。始知無論何人。皆可自讀聖書。自養信心。不賴他力。專賴己力。已可達於神之途。雖然。無教育又烏足維持之。宗教改革家熱心於普通民之教育也以此。茲揭宗教改革家首領。路德及美蘭克頓之教育說如下。

一 路德（一四八三年生）

路德教育說。皆中事物之要。不幸爲一般蠻人所不容。然觀其教育說。亦可知其熱心於教育事業矣。氏嘗慨僧侶社會上流社會之不置重於普通教育。因致書各市長。勸其謀教育之普及。中有云。『送子入學者。對於神對於世間之義務也。普通之民。皆不知之。不聽神言。不守神命。以爲子之養育。可任己意。又以爲守神命與否。官長猶聽其自由。嗚呼。亦知神者熱心愛人。爲使人之學已也。爲欲人之成事也。而謂小兒可無教育乎。雖然。無學校則何以教育。進言之。欲保社會之安寧。國家之秩序。必自敎育普及始。一都府者。衆家族之團體。一國者。衆都郡之團體。父母不爲小兒謀敎育。則平和易治之市府、都府村落、地方、郡區、國家、及帝國。於何得之。今日之子。卽後日之父也。裁判官也。知事也。太子也。王也。帝也。敎師也。敎養失其宜乎。臣民將再效之矣。』氏又重視敎師。謂敎師者。非常高貴之職也。

觀路德之言。卽知當時社會如何野蠻。路德如何熱心敎育。獨逸敎育家迭的斯譽路德曰。吾人苟研究路德之敎育說。以其理論盡行於實際。則十六世紀之學校與敎育。不知有如何美觀也。

二美蘭克頓（一四九七年生）

爲宗敎改革家而補助路德者。有美蘭克頓氏。亦唱敎育之必要。自設學校。獎勵靑年。恆言曰。『我終生目的。在保護文學。』蓋欲希臘拉丁之文學普及。以圖宗敎完備也。今歐洲各學校生徒。以爲『文典者正語也。且助記者也。』氏之視拉丁文學。無異於是其熱心教授可見氏教授之綱目。（第一）曰。兒童當教拉丁語。（第二）曰。不宜一時授數種之教課。（第三）曰。兒童宜分學級。因區爲三。第一級。授宗教教儀及讚美歌。而加以讀書習字音樂。第二級。授拉丁文典簡易之拉丁文、及宗教教儀。第三級。授拉丁文典、稍高上之拉丁文書、音韻、修辭、論理、及神學等。此外組因固利加爾音等諸宗教改革家。亦皆言宗教的教育之必要。要之。近代教育之初期。尚未脫中古以來宗教的教育之窠臼。而前有古文學之復興。後有宗教之改革。當時學者見解。以爲教育者造出具文藝而合神道之人者也。故以古文學之趣味。融合於宗教教育之中。

第七章　宗教的兼文藝的教育

間接則受中古以來之習慣。直接則因文學之復興及宗教之改革。於是有宗教的兼文藝的教育。其主旨在廣通希臘拉丁語。受其文學與文化之精神。以造出高雅人品。且欲因此養成敬信宗教之人。但當時普通民。尚不受何等教育。此類宗教的兼文藝的教育。惟及於中流以上社會之子弟。猶昔日之日本漢文學僅中流以上習之也。故自歐洲全體言。此種教育在當時。其力甚微弱。唯其餘脈連綿相續。至最近代而影響乃大著。則又非可忽畧者也。

此種教育。大率授希臘拉丁語而止。此種學校外。亦有村落學校、都府學校、大學校等。與中古同。學科亦與中古稍有出入。惟學校之數。則增加於前。其方針又改爲文藝的。

教育制度之重要者有二。一基於新教而立之文藝學校。一基於舊教而立之遮西壹德派之文藝學校。此種學校教育之方針。當畧叙於下。請先就當時教育界之比於現今而論其力之微弱。

節爹斯曰。『第十六世紀所行之教育。謂之完全人類之開發。不可也。彼高等學校。都府學校。亦專重拉丁語而止。以語學之死智識。而視爲事物之活智識。以拉丁語之教科書。而視爲萬有之書、生命之書、人心之書。徒使少年敝敝於綴字書與法問集而已。教授之方法亦未具。初等學校。高等學校。皆用徹頭徹尾不可理解之法式。惟施器械的壓抑的注入教授耳。生徒雖刻苦於學。而無所見聞。無所考證眞實之自由。箇人之完美者。誰其教之。教師惟用指定之教科書。而應於自然之法則。以發育少年性情者。誰其知之。』由此觀之。當時教育之不備。無待言矣。

基於新教而立之文藝學校

此種學校。最有名者。爲獨逸人斯焦隆所設立之斯他拉斯勃克文藝學校。斯焦隆（一五零七年生）可爲當時教育家之代表。英佛諸國少年。多入此學校。故生徒無慮千人。定期生徒六七歲入學。十年後始轉入大學。茲揭斯他拉斯勃克學校之學科表如下。亦可見文藝學校之一斑。

第十級　綴字、讀書、習字、拉丁語變化、及法問答、（宗教上之法問答）

第九級　拉丁語之變化。拉丁語暗記、及法問答、

第八級　拉丁語暗記。拉丁文典入門、作文、支錫路之文、

第七級　拉丁作文學、拉丁作文、日曜日（禮拜日）則其法問答由獨逸語譯拉丁語。

第六級　支錫路之文之翻譯、拉丁詩譯、希臘語初步、

第五級　音韻學、神代誌、支錫路哇捷羅等、希臘語、

第四級　拉丁詩文集、希臘語、

第三級　修辭學、能辯術、伊利壹特、阿珠聲、希臘及拉丁劇詩、作詩、

第二級　希臘詩文集、能辯術、論理術、作文、劇詩實地演習、

第一級　論理學、修辭學、哇捷羅和列斯和美耳等、

教授科目。偏重語學。而獨逸語反缺。是當時通弊。雖然。就其學拉丁語之法言之。則學級學課之分配頗巧。其爲當時拉丁語學校之模範也固宜。

遮西壹德派之文藝學校

斯焦隆等所代表之文藝學校。多組成於新教派之手。舊教派反抗之。遂設立遮西壹德派之文藝學校。其始舊教派見新教派之熱心教育。不能坐視。十六世紀之初。得路拉人數多之贊成。因規畫而建此學校。當時教育界。無可與比對之學校。故此派學校漸占勢力。學校之數。生徒之數。皆次第增加。遂使世人以爲教育者。不外遮西壹德派之教育而已。

欲知當時遮西壹德派之教育。如何盛大。盍觀下文所言。此派文藝教育。當近世新教育未興以前。爲歐洲重要之教育機關。殆歷三世紀。（自十六世紀至十八世紀末）無論舊教派新教派。皆使其子弟入學於此。故生徒甚盛。十六世紀初。僅就巴理學校而論。已有一萬四千名。至十八世紀末。達二萬二千五百八十九名。於是學校之數益多。十八世紀末。有六百六十九所。研究院之數。有百十七所。夫遮西壹德派之文藝學校。其組織未全。其教授法未具。其教育之方針亦未完備。然而三百年間。屹然占歐洲教育界之一大勢力者。則因尋常士民。以爲『教育者不外文藝教育』故也。夫文藝教育最促人品之高雅。而於人生日用之智識。則最簡略。倍根贊遮西壹德派教育曰。『就少年教育言之。當下一語曰。遮西壹德教徒。世無優之者。』觀下文所舉之教育制度。倍根此言。未免褒之太過。然此種教育於近代文化之成就。亦與有力。

遮西壹德之教育制度。大率基於四書。四書者何。（一）『伊俄那條斯路拉之制度』（二）『拉梭斯他爹阿勒』（三）『教祖條威蕭之書』（四）『塞基尼之書』前二書。多言學校制度。後二書。多言學校教授法之要。此派教育大畧分為三部。曰大學。曰中學。曰小學。大學以教授高等之古典文學、神學、其他東洋語學、為主。中學教授稍高等之古典文學、論理學、倫理學、哲學等。（其後更有數學理學）小學分為五級。六年卒業。其學科之分配。大概如下。

第五級（初級）　拉丁文典初步、支錫路拉丁作文學初步

第四級（文典級）　拉丁文典、阿意特、支錫路哇捷羅、

第三級（作文學級）　拉丁作文學、拉丁文、

第二級（詩級）　拉丁詩、拉丁文、

第一級（修辭學級二年）　修辭學、拉丁詩文、

以上課目之外。每日以半時間習希臘語。兼授宗教教儀。各級皆然。每日授業通常爲五時間。分午前午後。授業之始。先溫習前日課業。多以暗記力之大小。定生徒之優劣。此種學校。有特宜注意者。以競爭之賞罰。爲獎勵學問之唯一法是也。最奇者。此等學校。各級分爲兩部。試驗成績而列優等者。則懸大劍於彼等坐席之上。此外或與以十字形及其他賞品。以刺激生徒競爭之心。故自全體言之。則教授之方法未備。少年自由之思想。又皆束縛於羅馬教會獨斷說之中。管理生徒。頗近殘酷。然此等學校。高構障壁。令學校與世俗。絕其交通。又設諸遊戲以樂生徒。故生徒以爲在家庭而受父兄殘忍之束縛。毋寧入學校之爲樂云。

箏錫尼斯多派之文藝學校

斯焦隆派文藝學校。及遮西壹德派文藝學校。十六七世紀間。最重要之文藝學校也。此外又有箏錫尼斯多派之文藝學校。箏錫尼斯多派者。反對遮西壹德派之華美主義而起。亦舊敎之一派。其敎徒在佛國所建箏錫尼斯多派之文藝學校。亦反對遮西壹德派之學校者。就其規模之大小繼續之久暫言之。箏錫尼斯多派之文藝學校。誠不如遮西壹德派之文藝學校。彼繼續至三百年。有數萬生徒。此則但有生徒數百名。且以遮西壹德敎徒反對之故。建立十八年卽廢。然而吾人猶不能忘者。以此派學校。與彼派學校不同。自具一種特點。而其特點。於敎育史上頗宜注目也。請言此兩派學校之差異。遮西壹德派者。始終以拉丁文學。養成拉丁的人品。爲其敎育目的。箏錫尼斯多派不然。以養成質實之智力。（卽事物上之斷定力）爲敎育目的。彼則專以拉丁文學爲敎授之要具。此則以爲不知本國語而徒操外國語。非發育人智之正法。故先敎之通佛蘭西語。然後修希臘拉丁之詩文、論理、哲學等。夫中古以前無論矣。自古文學復興以來。歐人士專致力於拉丁希臘之文藝。而本國語棄之不顧。於是佛蘭西獨逸英吉利西班牙等。各本國語皆不發達。遮西壹德派。又從而煽其燄。箏錫尼斯多派洞矚乎此。使少年節無用之勞苦。其功又烏可沒也。況彼於語學研究法。又有數多重要之知識。餉遺後人乎。惟此派反對華美主義太過。動流於隱遁的厭世的。又謂遮西壹德派。頻鼓舞生徒競爭之心。與基督教慈悲之旨相戾。頗用壓抑主義。雖少年之奮勉力。猶將壓抑之。是其缺點。要之此派文藝學校。存立雖不過十八年。（自一六四三年至一六六〇年）然以研究本國語爲基礎。以養成質實之智力爲目的。則後之學者咸韙之。

此派學校重要之特點如下。

第一　教育少年。當詳知各少年之性。一時教授多數之生徒。教法斷不能詳盡。故各級生徒。不可逾五六名以上。

第二　待生徒宜寬大使之樂於學問。是教授秘訣。

第三　本國語（佛蘭西語）宜先而外國語宜後。先通本國語。而後以本國語譯外國語。以外國語譯本國語。是正法也。

第四　研究語學。不可無規律。論理的研究。是爲要法矣。故當守論理的順序。以研究語學。又不可不學論理學。以養成判決力。

用此等主義教授。其有益於當時之學術界明甚。此種學校之重要者。坡多、倫也羅、是也。教育家之最著者。阿倫歐羅特是也。阿倫歐羅特不必論。尼哥羅巴斯加羅等。皆著有文法書、論理學書。甚多。其書咸有聲於時。又繙譯拉丁文不少。然則此派教育。確有可以凌駕遮西壹德派者。無怪爲彼等所忌嫉矣。

以上諸文藝教育之總評

觀前所列諸文藝學校之制度。可知此等教育目的。欲以古文學養高雅之人品。并欲造成敬信基督教之人。此等目的果能成就與否。姑置勿論。要之有此派教育。而後文藝趣味。能普及於歐洲功利主義之社會上。此等教育專重偏狹之文藝教育。於增廣普通之智識。陶汰確實之品性者。一切闕如。唯使歐洲民翫味古代希臘羅馬之文化。而欲與之同體。則亦未嘗無少補。故於教育學史上。不能占有特色也。若除去箏錫尼斯多派而言。如遮西壹德派者。初不致力於初等教育及普通教育。反力排之。尤可惜矣。當時通弊。鄙賤諸種科學。不研究本國語。不謀授業法之進步。雖其分別學級。建築校舍。稍有可觀。然此外絕無可稱者。遮西壹德派。束縛少年自由。一切非法之事。皆以爲上帝所命。强人服從。尤足害民心之發達也。

新教育之發現

自第六章以下。於文藝復興宗教改革文藝時代等之教育的精神。已畧叙其要。雖然。此等時期所現之教育說。不過自中古所遺偏狹之宗教的教育說。更加以吸集拉丁希臘文學之多少結果耳。自其系統言之。止可謂屬於中世紀之教育。

未可謂帶有近世文化之特趣。蓋近世之特趣。在廣收諸國知識。由多面輸入文明。此等教育。不過以希臘拉丁之文化。與基督教的元素。令歐民咀嚼之。以造出近代文化之基礎而已。

此等教育說。亦非近代最初期教育說之全體。或發於此潮流之中。或生於此潮流之側。尚有他教育說焉。此則眞有近世教育之特趣者矣。能助吾人興味者。亦以此項之新教育說爲始。請言其起原。

文化日進。一般士民。如夢初覺。漸思伸張其羽翼。是時學界鉅子。如英之倍根佛之笛卡兒獨之來蒲尼組咸於近世哲學界上。放璀璨之異彩。科學界則有格利立阿發明望遠鏡。奈端提唱引力說及色之理。赫藩研究血液之循還。開白爾主張惑星之運動。至賒克斯巴美羅頓哥羅尼由毛利威羅拉蕭奴等詩壇之天才。亦振轡而出。近世文化之基礎。至是益鞏固。於是新教育家亦出現矣。所謂新教育家者。反抗先代偏狹之宗教的兼文藝的教育。唱一更近於完備之教育說。與最近代教育有直接顯著之影響者是也。而英之倍根。又此等新教育家曉天之明星也。請先記其事。

倍根（一五六一年生）

倍根非專門教育家。然於學問界。則爲近代學者之鼻祖。於教育界。亦爲扶植近代教育思想之第一人。氏首揭先代教育之誤。而能代以新教育之思想。所謂新教育之思想。則在歸納的方法也。

氏謂研究學問。不能專據古來慣用之演繹法。因新發見歸納法。所以爲近代學者之鼻祖。氏於教育之說。亦謂以空漠無朕之原理爲基。蹈踏於其範圍而不敢越者。是爲大愚。當依經驗、觀察、實驗、等法。以圖人智之進步焉。是則氏之根本思想也。

詳言之。則氏謂『古來學問所以不振者。由當時人士不能諦審自然之現象。以收納其結果。但死守古來傳說。及羅馬教會獨斷的原理也。夫以一定之界限束縛人思想自由。而抑制其研究心者。乃學問之大害。中世學問不振。全坐此耳若是乎必先破除此等束縛主義。專取自由研究主義。乃能振起人心。使學問普及乎。如以中世僧侶之獨斷。爲無上法規。羅馬教會之命令。爲金科玉律則學問改良決無可望。夫世界廣矣天地大矣。事事物物之宜研究者何限苟持歸納的精神。徧經觀察試驗等經驗。而猶不能搆多數之知識者。吾不信也』據此則近代科學的精神。實發揮於氏而氏之敎育方針。何以廣大與從來之敎育。何以不完。亦可知矣。

氏嘗曰。吾惑乎世人之崇拜古代而恪守其法規也。謂古者果足貴歟。以年齒計之。近代之視古代。不有更古者歟。何也。積數千萬年之文物。悉輻輳如近代。而近代以來。自然之物。或暴露於目前者。或由航海旅行而發見者甚多矣是皆放異彩於學問界者也。夫世界上之事事物物已發見已說明者。繁賾如此。然而智力界之區域。仍束縛於古人狹隘之範圍內。即以名譽而論。豈非大有損乎。

要之由觀察試驗研究等歸納法。以廣收天地之知識者。乃倍根之新思想。就教育言。此等方法。不過論教育手段。未及教育之目的。然無害其爲新教育之一源因矣。此經驗的方法。何以改變從來教育的精神。其理詳下。

第八章　自然派及現實派之教育

自然派

何謂自然派。以應於自然之法則。養成完全之人物。爲教育之目的。而反對宗教教育文藝教育等之狹隘者是也。唱此說者。爲佛之拉卑列及孟丁等。

一拉卑列（一四八三年生）

以拉卑列所言。比之孟丁。拉卑列未可謂有一統之教育說。然觀氏所著各諷諭書。則固反對先代教育。以養成篤實之知識。强健之身體。虔敬之宗教心。爲教育主要。而以造成完全之人物。爲教育目的者也。其諷諭書中。有專以卡勾焦阿爲主人翁者。全編皆述卡勾焦阿受教之淵源。不啻拉卑列之教育說矣。據是書大旨。謂卡勾焦阿初受宗教的兼文藝的教育。卒業後。其父以此等教育結果。無効而有害。使更從學於曾受新教育之教師。新教師之教卡勾焦阿先以希臘語、拉丁語、希伯來語。更及幾何、算術、天文、物理學、醫學、法律、音樂等。又於勉勵德行健全身體等事。無時或忽。或講聖書。或授體操。總以身體精神完全發育爲目的。其教法更有特宜注意者。不強迫弟子之勉學。不妄授以夥多之知識。凡於可喜樂之實物。則指教不倦是也。故卡勾焦阿於跋涉原野時。得幾多自然物之知識。於飲食時受最樂之諸物及衛生上之知識。凡近世的實物指教。皆一一容納之。嗚呼。若卡勾焦阿者。可謂完全人物矣。是即拉卑列教育說之要旨。

亞倫斯鐵多區氏之教育說爲五類。(第一)通直接感覺而教以實物。(第二)思想之獨立。(第三)實際的生活所必要之教育。(第四)身體精神均一發育。(第五)寬大之管理。熟練之教授法。然則氏之教育說。固與前代教育之空漠狹隘。全異其趣。而以教育完全之人物爲主旨也。

二孟丁（一五三三年生）

孟丁佛人也。其教育思想。與拉卑列同。而指示更明確。氏於思想史上。爲近代文明先導之一人。於教育史上亦然。手著論文甚多。惟專言教育者蓋寡。然其重要之教育思想。亦時時散見焉。就中如『小兒之教育』『衒學者』之論文。不特明示教育方針。其有益於後人也亦鉅。陸克及盧梭等提唱新教育。即受氏之影響焉。揭其要旨如下。

（一）教育之目的　氏以造就有品格之人物。爲教育目的。其言曰。『我等之目的。不在養成文法學者論理學者。而在養成完全有品位之人。』又曰。『吾人當教育者。非單在靈魂。亦非單在身體。而在一個人。』夫氏所謂人。所謂人物。所謂有品位之人者。當未必爲今日教育家所謂人物之精緻。然氏固反對當時之文藝教育者也。當時文藝學校。以躭玩空言無用之死學爲目的。氏則以養成確實之人物爲目的。亦先覺矣哉。氏所謂確實之人物。指學問充實之人而言。即反對於文藝教育之空虛者也。充實之人宜富於諸種美德。又宜有確實之理解力。否則不能敏活而調理世務。必無實效於社會。既無實效於社會。教育之益何在。故教育之要。在養成確實之理解力。授以切實之知識。而後能造成確實之人物。氏教育之目的。大概如此。氏最熱心於矯正時弊。其言曰。舍理解力。安有學問。父母所以忍勞苦。耗費用。使吾儕受業於學校者。無他。欲吾儕腦中備具種種知識也。然而所教訓者。(指當時文藝學校)無一言關涉判斷力。無一言關涉美德。殫精竭慮。而其所得者。不過增長無用之記憶力耳。良心也。理解力也。一切棄之不教。何說乎。是焉能造就確實之人物乎。可知氏所謂養成有品格之人物者。在造就富於道德富於實用的知識之人矣。

(二)教授課目　氏既謂教育不單在『靈魂』。不單在『身體』。而在兩者併合『一個人』之養育。則其教授課目。自當適合此目的。於是區之爲二。曰靈魂(卽理解力)之養成。曰身體之養成。蓋身心皆有所養。始可爲完全之人物。但於此點有宜注意者。氏於情意之敎育思想未及也。

其知力之養成何如乎。氏曰。普通之文藝學校。徒學死語。絕無所益。又曰。優美雖頗可嘉。然非世人之所謂美也。又非必要者也。又曰。吾人一生精力。除學死語無論何事。不肯消費之。眞可恥矣。何如理解本國語及隣國語之有益也。隣國者。與吾人之業務及交通有最大關係。希臘拉丁語雖不可廢。然何必以高價購之乎。又曰。敎育之要。在養成確實之知識。（卽適切於實用之理解力）語學迂遠。不切實用。又曰。學古昔無用之死語。非吾人當爲之正事也。吾人之主眼。常通諸國民之風氣、習慣、風俗、法律等。又曰。讀書不可束縛於書。當因此而得必要之知識。文法家也。論理家也。吾人毋以此自命也。又曰。吾人欲養成確實人物。則歷史爲最適當之課目。由此可得人生之要旨。雖然。歷史固當學。然非記無用之事。如加羅錫智沒落之日也。當學巴尼哈爾與支披阿之性行。或謂歷史不過文法學具耳。是不然。歷史者。哲理之剖解學。從事歷史而後腦電可達於人性最秘密最玄瞑之處。夫吾人之本原。造化也。最莊嚴最美麗之大活畫也。銘此大活畫於腦中以之觀察事物。何有焉。故予極望青年之研究之也。

據此則氏之研究文學。其目的非徒在文學而在得確實之知識。氏又曰。苟與吾人以確實之知識者。皆可取爲教授課目。謂如論理學、物理學、幾何學、修辭學、及其他種種科學。皆可以養青年之理解力。爲恰好之學科也。

其於體育則曰。吾所甚望者。青年之外容。及肢體之狀態。能與其精神共同發育焉。

(三)教授法　當時文藝學校。概流於注入教授。又束縛學生之自由。氏以其殘忍刻酷。極力攻之。

氏論注入教授之不可曰。過度之教授。必壓倒少年之心。灌水過度而植木衰。盛油過度而燈火滅。世之教師。稗販知識於教科書中。而獵取爲口頭禪。此與燕雀之將哺其雛。而先含食物於口者。何異。又曰。彼等徒以夥多之學科。令少年暗記。

不問其腦力之能受與否。夫敎師授知識於生徒。如貯物於管。宜留餘地。量生徒之腦力。授適當之敎科。使生徒自能玩味之。咀嚼之。選擇之。判斷之。或先授理解之端緒於生徒。或使生徒自爲理解。皆善法也。總之敎授之旨在理解。舍理解而言學問。必無良好之効果。

又曰。彼等束縛生徒之自由。擅加以苛酷之處置。欲以匡正生徒。是大惑也。亦知敎師之待生徒。宜寬大。宜慈悲乎。

現實派

現實派之敎育。重在經驗。其以自然之發達與自然之法則。爲敎授法之標準。雖與自然派同。至其置重於歸納、觀察、經驗、科學的方法等。則爲此派之特點。總之不偏於中世以來慣用之演繹的方法。而採用倍根所唱導之經驗的方法。以造出現實之人物者。此派主眼也。現實派於敎育主義。即有未備。然其於敎育方法。可謂具有最近世的特點。現今敎育法。多採用之。當時此派代表爲廓美紐司欲論廓美紐司請先述拉支希教授法之要點。拉支希實廓美紐司之先驅也。

一拉支希 Ratich（一五七一年生）

氏獨逸國產也。千六百十二年。呈其新教育案於武蘭克夫羅多之國會。翌年。受任於安哈多喬丁。實施其新案。惜無大效。氏之教育法。範圍僅在語學。本不可謂之教育學家。然其置重於經驗的方法。則有影響於最近代的教育不少。故不能不特注意焉。氏之語學教授法頗詳密。先列其重要者如下。

（一）當以本國語爲語學之始。

（二）語學教授。當用經驗的方法。

其重要不外此二點。前一說箏錫尼斯多派及孟丁等已先言之。後一說則氏之創論也。氏謂先教實物而後授之以其語者。即由具象的漸進於抽象的之說也。此論在當時可謂嶄新者矣。蓋斯焦隆等之語學教授。謂當先授文法。使諳於規則。又一時授夥多之課業。使直達於言語之骨髓。拉支希厥然反之。謂先通實物以得各部之知識。乃可及全體普通之知識。請再詳述其教授法。

（一）無論所教爲何。皆宜以自然之順序發達爲標準。合於自然之教授。則有効。不合於自然。豈惟無益。而又有害。

（二）一時不可授夥多之業。否則不特無益於理解力。且足以混亂之也。理解一事。待其知之甚眞。然後教以他事。

（三）不可忘『反復』之効力。反復者。所以深銘事物於心中也。

（四）當先教本國語。欲知已所當學之事物。莫便於此。

（五）使生徒研究事物。不可用强迫主義。導之以適當之方法。生徒必能通教師之所教。蓋教者教師之任。而學者生徒之任也。

（六）勿令生徒勉强暗記。暗記不能養成生徒之理解力。且所記之事。隨過隨忘。

（七）教授及教科書宜一致。不一致之教授。徒害生徒之腦力。如教文法。則獨逸文法。希臘文法。希伯來文典。亦當併授之。

(八)先教實物。然後授之以其語。如先教規則而後教文章者。非善法也。

(九)最重者經驗與攷究。若株守古來慣用之主義。不敢稍變。誠無謂也。

以上乃拉支希語學教授之意見。若用之於普通教授法。可謂頗合於最近世的教育矣。

二　廓美紐司 Johann Amos Komenius.

廓美紐司及裴司塔若藉者。非近世教育家之泰斗乎。裴司塔若藉爲十九世紀之偉人。人咸認之。雖然。歐洲文明既漸次發達。裴司塔若藉乃揭幕而出。無足異。所異者。廓美紐司生當文明變遷之期(自中古文明轉於近代文明之期)遮西壹德主義之文藝教育。尙飛揚跋扈。獨能布最近世的教育種子。吾震其功。以爲不在裴司塔若藉下也。教育史家某曰。廓美紐司乃歐洲第一流之教育家。裴司塔若藉當位其次。彼其所論。豈非據二人所生之時代以定之乎。夫軒輊二氏之功績。言人人殊。要之以廓美紐司爲最近世教育之最初先導者。則無論何人。咸韙之矣。氏所論教育目的。其哲理雖不能比十九世紀之學說。然其普及教育於實際之方法。今日采行之者尚多。即謂現今教育制度皆廓美紐司沃其根溉其葉而始能發達焉。亦無不可。近世教育之基礎。雖由孟丁倍根拉支希等建之築之其實至廓美紐司而後確定也。

氏以千五百九十二年。生於獨逸國廏拉伊亞之尼富力紐以千六百七十一年卒。總計氏一生皆在黑雲暗澹中。蓋從來實行革新之偉人。常遇非常之障礙。氏亦其一也。雖然。障礙即爲砥礪偉人之資。氏生逢多故。而意氣不少挫。忍耐力甚富。希望心甚盛。眞後人之師矣。千六百十六年。氏著小拉丁文典。爲研究拉丁語之先導。千六百廿七年。出示其學校制度改革案。千六百三十一年。著『查條阿令呀蘭列西拉他』Janua Linguarum Reserata 一書。是書之末。有所謂語學入門者。集合關於普通事物之辭句、問答、等成之。欲爲初學教課書也。後七年。瑞典國招之辭不赴。專精著述。而『底克他梯階麥格那』Didactica Magna之大著作成。此書可稱爲教育論法規。世極珍之。吾人賴此書。乃能知氏之所見。千六百四十一年。受英國國會之聘。航海至英。欲實行其志。會國亂。不得已歸。獨逸從事『查條阿令呀蘭列西拉他』之訂正。千六百五十年。應匈加利聘。留四年。爲之改良學校。千六百五十七年。集其教育意見之全體。著『阿卑拉底他克智加』Opera Didactica 一書。千六百七十一年十一月十五日卒。

氏所著書以離亂故。多不傳。是以不能盡知其所見。下所引者。多據『底克他梯階麥格那』一書。

（第一）教育者何哉。　欲知教育之爲何。當先知人之爲何。與人之目的之爲何。此點不明。不足與言教育之目的也。

氏定人類之目的曰。適合於神之旨。而達於永遠之幸福者。人之目的也。現世者。不過入永遠界之準備。於此時努力以達於永遠之幸福。便爲人類之目的。

人類之目的如此。所謂人者何如。氏曰。人也者。由植物的、動物的、精神的、三部分而成也。人之所以優於他物。在乎精神。人之所以爲人。亦在乎精神之具備。至於人之精神。由智覺、意志、良心、等成之。即可謂由知物之力、行事之力、效忠於神之力成之也。然而人之精神。本具有能知能行效忠於神之自然性。即具有自然之衝動力。故凡向上的傾向。可謂人性自然之衝動力是矣。

氏又論斷敎育之爲何。曰。敎育之作用。一本人自然之性。又以自然之法則爲模範。於是掖助人精神自然的衝動。使之於事事物物。知其所當知。行其所當行。而達於神之永遠之幸福焉。敎育之作用在此。敎育之目的亦在此。進言之。敎育既以自然爲模範。凡妨礙自然的發達者。皆宜剗之革之。夫人性無不同。而精神何以有優劣之差。則因有防礙其精神之自然的調和者存也。掃除此等障礙。一以自然之法則爲模範。其發達自易。是敎育家之責任。然則自然之發達爲最要。合於自然之敎育必有功。否則必失敗。自然乎。自然乎。敎育家果以自然爲模範乎。

則教育之方針不誤矣。

要之人之精神。具有自然衝動力。人之目的。在達於神之永遠之幸福。故教育不過順自然之序。掖助人性之衝動的發達耳。氏論教育之大體也如是。

氏復詳言人性之薰陶法曰。人也者。具有三種特性。與前所舉（一）知覺（二）意志（三）良心之三性相應。三種特性者何。

（一）具有道理者。

（二）可宰制他物者。

（三）爲神之子。

更言其詳。

（一）具有道理者者何。凡關涉一切自然物及人類之知識。吾人不可不具備。如諸元素之力。四季之變遷。動植物之特性。天體之運動。人生之本質。咸宜洞知其理。否則不可謂之具有道理者。

（二）可宰制他物者何。蓋吾人當令一切事物。屈服於我。爲我所有。以便成就我之目的。

（三）爲神之子者何。吾人一生之經歷。不可不知萬物。制萬物。如是始無愧爲神之子。

欲發揮此三特點。有道乎。曰有。

（第一）由教育及教授。可使之助長。

（第二）由美德及道德。可使之助長。

（第三）由敬神及宗教。可使之助長。

必具此三特點。始可謂完全之人。曰健康。曰富貴。曰善。曰美。曰信誼。不過表此三特點之名詞耳。養成此三特點。即教育之要務。學校中應以此三特點。薰陶人之精神。

（一）教授各言語、科學、技術等。

（一）當敎授此等課目時。常使與道德有關係。

（三）賴之以敬神。

主眼。

質言之。（一）明其智也。（二）敏其行也。（三）興起其敬心也。以此導人。乃學校之

敎育之要務如此。故人人皆有受敎育之權利。社會有使人人皆受敎育之義務。

敎育時期。以少年爲最宜。無論男女。皆當於幼時受普通之敎育。

（第二）敎育之方法　敎育之作用。助長人性自然的發達矣。若是乎敎育方法

之最大原理。即順此自然之序。凡妨害自然的發達者排而去之。有能助長之者

采而用之。因勢利導而不窒其機也。然則欲實現此根本原理。其方法如何。氏曰。

（一）宜長人之壽命。

（二）宜選簡便之敎授術。

（三）勿失好機會。

(四)宜令少年擴張其知覺力。

(五)宜令少年據確實不可動之基礎。

凡此。皆所以助精神之自然的發達也。然則用如是之方法。卽能實現教育法之根本原理。其故安在。氏曰。

(一)吾人所能學習者可以增多。

(二)可確實完全以學習之。

(三)可容易快樂以學習之。

(四)可迅速簡便以學習之。

夫得數多之知識。利用之以達永遠之幸福者。實吾人自然之本能。亦卽吾人生存之目的。故教育方法。當授少年數多之知識。幷教以利用此知識之術。若是。則增長壽命之法。與少時多學之法。以短少時日而能學數多事物之法也不可不講。故氏於增長壽命之法。切論體育之不可忽。於少年時多學之法。則一一就實際上詳示學校管理及教授術等之要領。

請就氏所論種種教育術中之所謂少年時多學法者。括三以要義。

（一）可使少年確實以學習之之法。

（二）可使少年容易快樂以學習之之法。

（三）可使少年迅速簡便以學習之之法。

右三種方法本非互異。本有相切之關係。蓋容易即迅速簡便而容易即確實。然必析言之者。爲便於講究也。

（一）可使少年確實以學習之之法　欲使少年確實學習事物。先宜於教授總體之學科。連絡貫串。其課目又宜適合於少年之能力。即先由具象的事物。漸進於抽象的事物是也。譬如教語。先示以實物而後正其名。教文法則先授語言。教規則則先舉實例。凡不授原理而先示以科學上技術上之現象者。皆善法也。少年所不能理解者。當善避之。毋一時授以夥多之事物。無論何時何地。皆以理解力爲第一。記憶次之若令少年記憶其所不能理解之事物。則徒傷腦力。理解既如是重要是故教一事。當先舉示其大體。乃及各種例證。乃及各種法則。乃與之詳細詮釋。又欲使少年有確實之理解力。則教授事物之時。毋或斷續。前部即爲後部之準備。此時間所授之業。與下一時間所授之業必連絡。積時成月。積月成年。皆用此法。爲學之弊。在乎或作或輟。爲學而或作或輟。顧欲組織確實之知識焉。吾未之聞也。

要之教課宜組織完備。第一養少年之感覺力。第二養少年之記憶力。第三養少年之觀察力。最後養少年之判斷力。如是乃有秩然之知識。

(二)可使少年容易快樂以學習之之法　容易學習之時間。以一生言。則少年時也。以一日言。則午前也。此機萬不可失。又於快樂之時。從事學問。所得最確實。此教授之秘法。受教者渴慕之學科。宜授之。勿强其所不欲。故教師常宜有一種快樂之感情。教授法又宜自然。使生徒親之愛之。建設學校。勿近街市。必僻靜室內必清潔。必空氣流通。必室之外有園庭及其他可喜者。斯生徒不至視學校爲畏途。又時以賞辭、進級、賞品等。鼓舞其進步。教授課目失之繁難。生徒必以學問爲苦束縛過苛。彼且視學校如牢笠矣。無論何種學科。又不可强之暗記。但使理解事物。十分明確。受業時刻亦不可過久。以在內四時間在外(學校)四時間爲率。至如苛酷之譴責。實中古以來陋習。宜廢之。體罰。尤有大害。生徒所以不樂受教者。非特生徒之怠惰。實教授法不得其宜。此亦教師之過也。

先示以實物而後正其名。此亦使生徒容易學習之一端。蓋空名非少年所能理解。示以實物。乃能養成其知識。卽就天地動物植物等。使少年知其物之本性是也。案氏自作畫本。爲教課書目。卽以此故。實物教授。可謂萌芽於氏。

(三)可使少年迅速簡便以學習之之法　此法不止一端。臚舉如下。

一依生徒之年齡學力。編爲各學級。各級置監督一人。

二教師言語。當令全級生徒聽之明瞭。不然。恐全級不能靜謐。生徒不能理解者勿教也。各生徒理解一事既確。乃再教他事。

三教授事物。宜先述大綱。而後析言其詳細之點。此亦助生徒理解之最便利法也。

四教師所立之地。宜擇便於監督全級生徒之處。若有某部不便於監督者。即不能制御全級。

五教師宜自發質問。使生徒依次答辯之。

六放課後。宜許生徒自由質問。以釋其疑。

七教師發疑問以叩之全級生徒。有能答辯之者。宜褒之。使生徒自然勵學之法也。

氏又有關於諸學科、技術、語學、道德、等之特別教授法。不暇述。氏之教授法。爾來採用之者漸多。謂今日之教授法實始於氏。亦無不可。

（第三）教育之制度　氏所論教育之目的及其方法如上。請再述氏所懷抱之教育制度。

氏謂學校之組織有四種。曰幼年學校。曰國民(普通)學校。曰中學校。曰大學校。幼年學校者。六歲以前子女。受養育於其母之膝下也。國民學校者。六歲以上子女。受普通教育之處。各寺領至少當設立一所。中學校者。十二歲至十八歲之少年。受中等教育之處。各市都當有一所。大學校爲最高等之學校。各縣當有一所。

凡教授之方法。先授事物之大綱。而後及其細目。斯爲順序。學校組織之順序。亦當如是。於初等學校。先授事物之大綱。洎進高等。乃授事物完全之知識。史自他端言之。幼年學校。所以養外部之感能也。國民學校。所以養內部之感能。兼發育少年之想像、記憶、言語、手工、等也。中學校。所以練磨少年之理解力與判斷力也。大學校。所以薰陶少年之意志也。幼年學校及國民學校。國中男女。皆入學焉。中學校。惟不爲勞働者入之。入大學校者。異日之爲人師及爲社會先導者也。

(一)幼年學校　幼年學校。授事物最大體之知識。即子女異日所不可少之一切最要知識。為父母者當授之。如理論之概念。則當教以『或物』『皆無』『此、、、、、、也』『此非、、、、、也』『何處』『何時』『同』『不同』等念。如物理。則當授以水、地、空氣、火、雨、雪、氷、石、鐵、木、草、等極簡單之知識。如光學則當授以光、暗、影、色、等之大要。天文學則當授以天、太陽、月、星、及其運動等之大要。其他地理、歷史、算術、幾何、靜學、動學、論理、文法、修辭、詩學、家庭、經濟、政治、道德、等。凡幼年所能理解最簡單之知識。當授之。授以此等知識時。當就實物或畫本示之。使有直接之知覺。又使幼兒學中庸、清潔、尊敬、服從、信實、正義、慈愛、等。亦為最要。一面使之理解事物之大體。一面磨礱其諸美德。是造就將來有用人物之基礎。

(二)國民學校　國民學校。謂之本國語學校亦可。其主眼在專學本國語以普及其知識也。教授課目。大要為讀書、習字、數學、度量學、唱歌、歷史、地理、聖書、等。分六學年為六級。教授課目及教科用書。當準配之。每日授業。以四時為率。午前二時。使致力於理解與記憶。午後二時。使之練習其手及聲音。并温習午前課目。不必教以新事物。人之精神。惟於午前最明瞭也。

（三）中學校　中學校、亦可謂之拉丁語學校。十二歲至十八歲之少年。當入焉。分六學年為六級。亦與國民學校同。各級所授之主目。第六級為文典學。第五級為物理學。第四級為數學。第三級為倫理學。第二級為論理學。第一級為修辭學。午前多教授其主要學科。午後多授此等學科之歷史。

（四）大學校　大學校者。以完成種種學科。造就社會將來之先進者也。氏教育之意見。所能知者如上。彼其大體。雖不及今日教育論之精緻。然為今日教育所取法者實多。

美羅頓附阿士康

佛蘭西之自然派。（拉卑列及孟丁）以養成社會有用之人物。為教育主眼。獨逸之現實派。（拉支希及廓美紐司）謂養成社會有用之人物。當與以現實之知識。皆已略述於上。請更參舉英國詩人美羅頓之教育意見。益可知當時教育論之傾向。當時歐洲教育界遮西壹德主義之拉丁語教育。尙極隆盛。孟丁廓美紐司等所言。未見採用。惟識者已知有新教育法。且知不用此法。斷難誘導全國人民。美羅頓亦其一也。先是英國有阿士康者（一五一六年生）著『學校教師』School master 一時英國教育界受其影響不少。然自教育學史上觀之。阿士康固非有大可稱者。特其書有切中時弊之效。書中論教師待生徒之法。不取苛酷而取寬大。論拉丁希臘語教授之法。則取斯焦隆拉支希等所說。如是焉已矣。吾人但宜知阿士康爲當時有識者之一人。不必博引其說也。美羅頓（一六零八年生）著『教育論文』Tractate on Education 以書簡體發揮其教育意見。就全體而言。間或失之空想。然受廓美紐司之精神。更融和以詩人的創見。所論頗有卓拔而莊嚴者。於教育學史上。固有可珍之價値也。其大要如下。

（一）教育之目的　何謂教育。自廣義言之。教育之第一目的。所以滅吾人自祖先傳來之罪業。是故學諸國之語而修諸科學者。非徒爲學問而學問之。欲因之知己知神。以效忠於國與神耳。故學問不過爲達其最高目的之手段。其要在淘汰品性。鍊磨材德。以效忠於神與國耳。欲知神則不可不修諸科學。無他。神也者。專由其所造物而顯示吾人。吾人先知神所造之有形物。然後認其無形之全能。乃爲順序。欲知神又不可不修語學。何以故。最便於薰陶人之品性。故蓋語學之主眼。在以其講義及說明。誘導少年。使之起高尙之希望。如愛好服從、熱望研學、專重美德、咸慕古來之愛國忠神有名勇敢之人物等。

一言蔽之。敎育之目的。在造就效忠於神效忠於人之人物。敎授科目。皆當不踰此目的。若爲社會造無用之人物。不可謂之眞正敎育。眞正完備之敎育。未有不造有用之人物者。無論戰時平時、公事私事。當使盡一切應盡之義務。彼以空漠無用之學。爲敎育主眼者。吾惜其終身未識敎育之眞面目也。

(二)敎育制度　十二歲至二十一歲之少年。當於同一之學校。受順序之敎育。敎課大別爲三。曰修學。曰實修。曰體育。凡敎授當自簡而繁。自單而複。

修學中第一當重語學語學之主眼。非特學語而已。當因此養成少年忠信勇義諸美德。教科用書。亦當適合此目的。語學教授之要。當先實物而後名目。自具象入抽象。固不待言。又當授以算術、幾何、地理、物理、等學。數學上之知識既稍進。則授以築城術、建築術、器械術、航海術、天文學、醫學、之大要。授此諸科學及諸藝術時。又當使之盡力於此等諸學藝之實修。(即應用也)蓋使少年練達農工業等之淺近易學者。於實用最有益也。

右十六歲以前之教法。漸長而能辨別善惡。宜發達其健全之思想。廣蓄其貴美德、賤醜德、之知識。故宜以布列度錫諸豐支錫路布羅特等之道德書誘導之。晚則令讀聖經嚴肅之章句。此時期又當兼修詩歌、及伊太利語、等。品性(德性)薰陶之教育既終。則當重公民教育。即統御社會、治理國家、所必要之政治、法律、道德、宗教、等之知識。異日立於社會上國家上。乃能盡其義務焉。此外如希伯來語、及希臘拉丁之悲劇。亦宜授之。庶能直通聖經原文。又宜使之親爲詩歌。親爲演說。日曜日（禮拜日）宜專敎神學。

氏之論體育頗奇拔。氏曰。食前食後宜令衆生徒極活潑而爲擊劍、柔術、角力、擬戰、等事。所以令少年有最樂之感。又可鼓舞其元氣。就中如編制隊伍以擬戰。最合此目的。食時及食後數分時間。宜以最玲瓏之音樂安息生徒精神。又當寒暑休學時。宜使生徒跋涉各處。或登於山。或遊於海。且學且樂。且樂且學焉。

氏之敎育意見如此。試不免失之空想。然如品性薰陶說。如體育論。雖在今日。猶爲敎育學者不可不一考之問題也。

以上諸說之總評

前章所論文藝敎育。欲輸入希臘拉丁之文明者也。然其弊流於空漠之死語死學。或并敎育本意而失之。自然派及現實派。反抗之而自樹一幟。先說明敎育本意。更揭示可以達此本意之方法。彼於敎育之主眼。或以爲養成社會有用之人物。或以爲養成現實之人物。或以爲薰陶人之品性。以效忠於神與人。其義即有未盡。然較以前之教育說。固各有進步矣。況彼等欲達此目的。復選精教授課目。而盛獎勵科學乎。又自倍根發見歸納法以後。遂有種種教授之新方法。至廓美紐司。即粗立近世教育制度之基礎。故曰。自然派及現實派。其教育之目的及方法。已能胚胎最近世教育者也。

第九章　陸克及盧梭之教育

自然派現實派之反抗文藝教育。已述於前。陸克及盧梭受自然現實兩派之血脈。所說更明瞭更靈活。請詳言之。

陸克者。據英國派哲學、之基者也。盧梭者。最近世的文明之擊柝者也。一則現實脈哲學之泰斗。一則誘導十九世紀的文明之詩的天才。皆非如廓美紐司爲純粹之教育家。故其於教育事業詳細之點。不能比廓美紐司等之精緻。然而二氏者。一爲哲學家。一爲散文的詩人。其言視前代諸家。或有更明瞭更靈活者。即以教育之意義言之。二氏所言。已勝拉卑列及孟丁等中言之。則陸克者。受前代諸家中拉卑列孟丁等之影響。主張自然主義。而所說更明瞭。盧梭者。直繼陸克而所說更靈活者也。

二氏之教育說。如何實際影響於社會。驟觀似不能辨。雖然。歐洲各國現今教育。實暗用二氏之議。不可誣也。故謂歐洲最近世之教育。由二氏鞏固其基礎。亦非過譽。蓋陸克先示定英國教育之方針。盧梭先以其議論鼓動法國而漸次影響於各國也。欲知其詳。盡觀下文。

陸克　John Locke（一六三二年生）

氏有『教育上之所見』Some Thoughts on Education 一小册。發揮其教育意見。自餘所著書。亦往往論及之。然吾人專據此書。已知其教育大要。

欲知氏之教育說。宜先知氏於哲學上之所見。與教育說有何關係。氏謂人心無先天的觀念。人之生也。其心譬猶白紙。無何等印象。無何等觀念。唯空虛而已。迨成長後。有種種之雜念者。則因外界之印象。扶植於心中。此扶植之印象。又互相離合也可知人心由外界之印象與其印象之離合以造成之。此陸克哲學之根本思想。知此。即知氏所以解釋教育之意義矣。蓋造人心者。既在外界之印象與其離合。故教育者。即不外立一定之目的。以造適應之之人心。詳言之。即不外扶植外界之印象、可以適應於其一定之目的者、於少年心中。且令其印象之離合。亦適應於其目的。是爲教育之形式。

陸克論教育之根本形式如是。又當知氏於心理學上之見解。與教育說有何關係。氏謂種種知識。皆由感覺而後成。複雜之感覺。合而爲種種狀態。卽是知識。故欲造正確豐富之人心。當先養成其感覺。非有正確養成之感覺。則難成正確之人心。此養成之感覺互相離合。即心界之活動。隨其離合之法則。而掖助自然之發達。即學問之旨。氏教育說之根本於心理的解釋也如是。先明乎此。然後研究氏之教育說。便利當不少。惜當時心理學尚極幼稚。氏之心理說。亦甚粗率。氏解釋心理。雖不僅以爲智力之活動。然尚不知有所謂感情。蓋今日心理學者。以智、情、意、三者說心理。當氏之時。猶未發見。則氏之不用情意等明瞭語。且不知注重於此等心的現象之教育。殆亦不得已之結果歟。此卽氏教育之缺點。其說詳後。

第一　教育之目的　氏與自然派同。以爲教育目的在養成人品。撮其大要如下。

(一)教育之第一義　教育第一義。在品性之陶冶。卽涵養少年之德性是也。氏曰。教師之要務。在造人心。在養成生徒善良之習慣及美德與智慧之大義。循循誘之。使於可以師法之人模而範之。又當養成其勇氣、活力、奮勵心。教師課授生徒之學業。不過爲練磨生徒能力之方便耳。且欲使少年不耽於懶惰。因之以圖其應用、(學業之應用也)養其忍耐、且授其嗜好之一斑、(以自己之勉勵所成就之之嗜好也)之方便耳。故教育要義。在薰陶眞正之品性。在造美德豐富之心。在誘導少年之幼稚心。使確由正道。一言蔽之。則鞏固美德於少年之心者。卽教育之目的。若讀書。若習數。若通物理。不過爲練磨心志以達於實際的美德之方便耳。書也。數也。物理也。非有眞價者也。然則欲使少年練磨其實際的美德將奈何。曰人能制抑自己一箇之願望。克勝自己一箇之私欲。不沈溺於肉體之欲。惟理性所命之最善者是從。即一切美德之根原也。此外純粹之名譽心廉恥心。咸當令少年敬重之。亦養成美德之良法。

要之鞏固實際的美德於少年之心者。是教育第一義。

(二)教育之第二義　夫鞏固美德於少年之心。使少年制其私欲而惟理性之所命是從者。何爲也。氏之意蓋與孟丁同。謂如是乃可以造完全之人。所謂完全之人者。即有品位之人。所謂有品位之人者。卽立於世界能盡當盡之義務。利己利世。不愧爲社會上國家上之一箇人也。以製造若是之人物爲目的。斯爲教育要義。彼徒授空漠之學問。而於人心世道無尺寸之益者。吾不知何取乎教育也。少年所當學者。在實際之必要。即人心世道所必不可缺者是也。無所不學者。非少年之時與力所能爲。惟使致力於其所最必要者可矣。如是即可以造有爲之人物。

若是乎爲人師者。不可不具有力量以造有品位之人物矣。氏故曰。教師者。非徒具有力量能濬生徒確實之知識。（非得自文藝教育空漠之知識也）又不可不通達世情。如本國之風俗習慣。及種種詐僞之術。胥宜知之。受教者苟不知世界之現狀。一旦出而應世。遂有學非所用用非所學之歎。教育之益何在。而爲父母者。夢於此理。徒以無用之言語。無用之學問。責之其子。於一切應世之術闕如焉。其所注意者。希臘語、拉丁語、及上品之言語、空漠之理學、哲學、（中世以來傳習之學問也）也。嘻何益也。現時歐洲諸學校。雖無普通所行之學問及通常教育社會所行之學問。然欲造成有品位之人。尙非甚難。思慮之深沈。（立於世間而思慮者）禮容之恰好。實人生凡百位置凡百狀態所必需而不可缺者。

現時諸學校所以促諸生勉强進步者。實無關於爲人之職分。爲人之職分。在有處置種種事務所必要之知職。及與己之位分適合而組織有益國家之事之才能。養成如是之知識才能。教育始有效果。否則以空漠之事。充塞受教者之腦中。

未見其益而先受其害。又安用教育爲。

氏此等論說。不能縷舉。要之陸克與孟丁同。反抗空漠之文藝教育。以養成利己益世實際的人物。爲教育之目的而已。

第二教育之方法　氏又論達此目的之方法。曰宜專以確實有用之知識附與少年。欲附以確實有用之知識。第一使之通感覺而知事物。第二以適當之方法練磨其心的能力。請言第二法。

(一)學問當以練磨能力爲目的　爲書而讀書。爲數而計數。世之通弊也。書者。記載諸學問之具耳。讀書者。欲明事物之理以應世耳。而徒曰讀書讀書云哉。教師不可不深明此理。否則教育之方針必誤。最要者以學問練磨少年之能力。而所授之學問。又必適當於練磨能力之用。人莫不以讀書爲學問中重要之一部分矣。予更欲加以重要之二事。曰默想。Meditation 曰論議。Discourse 此二事皆可助知識之發達。譬之築室。然讀書猶蒐集粗大材料。此材料中之無用者甚多。

默想者。猶選擇材料而使之適當。又組合木材。整備石料。因而築室也。與朋友論議者。猶迴步室內。觀察建築之物。及注意於各部與各部之調和比例。以考其堅固與否。果有缺點與否。然則默想也。論議也。咸足助心的能力之發達者也。雖然此特練磨心的能力之一法耳。吾舉之。明乎學問之事。當以練磨心的能力爲最要。非謂學問中惟默想論議爲有眞價也。總之不能發達心的能力之學問。必無益於少年。而教授之課目。不過爲練磨少年能力之要具。此皆教師所宜知。

(二)最初時宜專授感覺的知識　教育心已發達之少年。不可不鍛鍊其能力也。如是。至欲養幼稚之心。則宜直接先適於其五官。以扶植其感覺的知識。蓋眞正感覺的知識既已發達。而後種種心的能力亦發達。故謂扶植感覺的知識爲教授之基礎。亦可。氏曰。幼兒粗通言語。即宜教以文字。所教宜適合幼兒之心。造球二十四五箇。一一粘以文字。(字母也)使幼兒於遊戲時容易領受。最爲善法。此論與獨逸教育學者巴錫特同。巴錫特欲使幼兒學爲貿易以通文字。謂宜造文字形之果子。氏又曰。幼兒旣習文字。仍用此法。更以綴字代文字。令幼兒於不知不識之間學習之。若是則不待譴責。不以書籍爲困難可厭。必無惰學之事。由是漸通文辭。則授以簡易可樂之書。如『葉卒布物語』等類。及稍能綴文字。復授以多數動物之畫。徧書其名。以激發好學之心。而增拓其知識。讀書之力漸富。又宜授拉丁語。是蓋有品位之人所必用者。初學拉丁語。不可授以規則文法等。宜令先通各種事物。能得馴熟拉丁語之敎師。使生徒於拉丁語外。不雜他語。斯爲最善。不可得則用繙譯之書。

讀書時。卽宜令通科學。若數學、地理、天文、歷史、解剖等。其重要不待言。卽五官接觸之事物。亦當使博通其理。此爲敎育第一義。蓋正確之知識。皆得之於種種現實之事物。如論理學如哲學之抽象的概念。敎育心發達者雖樂之。知識初開之幼兒。必不能理解。夫感覺者。高上複雜之知識之基也。非有以養成之。必無正當之知識。若是乎先由實物以授正當之感覺的知識。其最要者乎。盍觀地理學矣。

如地球者。雖可舉示小兒。但某事爲小兒所能理解。某事非小兒所能理解。教師不可不區別之。教授地理學如是。教授種種學問可知。知此。則孰爲赤道。孰爲子午線。孰爲歐羅巴。孰爲英吉利。如出掌而自數其指。彼小兒學習之也自易。

氏既以感覺的知識爲教育第一義矣。此說實萌芽於拉卑列廓美紐司等。至氏則發揮更明瞭。小吏盧梭以至現今。遂有實物教授之名目。

(三)待遇生徒之法　氏於實物教授。能力鍛鍊。已備論之。其待遇生徒之法如何。中世所傳苛酷之體罰。爲孟丁所力排。陸克亦曰。今之教師。用體罰以制御生徒之懶惰者。奉爲獨一無二之良法。予甚非之。生徒有過。無良好之訓練。但使受苦痛之恥辱。彼安能改。此特奴隸的訓練耳。奴隸的訓練。適足以增長奴隸的根性。吾未聞賢明、善良、俊才之士。可以鞭撻之。呵斥之。并用其他種種奴隸的體罰以待遇之也。或至萬不得已時。始偶一爲之。

使生徒知名譽之可貴。恥辱之可賤。且使有愛好學問之感。是爲待遇生徒之善法。故眞正之教授法。在使生徒愛其所學。乃可激發其奮勉心。凡生徒目爲苦痛指爲繁難之學課。置之不授。惟順生徒自然之傾向以誘導之。而苛酷之體罰可廢矣。教師所教。生徒心悅誠服而學之。斯爲善教育者。

氏更抉當時暗記之弊曰。世俗以爲增長記憶力。莫如練習暗記。此瞀說也。記憶力由於其人之本質。非練習可以發達。然吾人因記憶事物之故。反復暗誦。其後竟能記憶者。何也。則以記憶之際。深感事物之興味也。夫深感事物之興味。而後能記憶。則與練習暗記何涉。故欲使少年記憶事物。宜先令深感事物之興味。若以少年所不能理解乾燥無味之事物。勉强注入之。吾笑其徒勞矣。卽令記憶。亦旋得旋忘。且懼妨害知識之發育也。若是乎暗記主義之教授。烏可不全廢乎。

氏又痛論當時暗誦拉丁文及作拉丁語詩文之弊。其言曰。拉丁文。非少年所能理解。而强使暗誦。拉丁語之詩文。非少年能力所及。而强使從事。是非束縛少年。而妨害其智力之發達乎。吾不知於少年將來之業務。有何利益。斯語也。可移贈我日本少年之嗜作漢詩者。

（四）學校教育與家庭教師之比較　兒童教育。或委於共同學校。或委於家庭教師。二者誰優。孟丁則優家庭教師。陸克亦主張是說。其言曰。兩者皆互有得失。兒童在家庭外。交同輩兒童。活潑以養其身。又有同輩與之競爭。其結果遂能練達世事。激發其勤勉心。是其利也。然家庭外之學校。能注意於各生徒特質。確知生徒爲人。而施適當之教育者甚寡。以一教師御數十生徒。欲養成其善良之品性。導以適實之行止。極不易也。且兒童交學校同輩。其所得之大膽與活氣。實與粗暴、及不正之信念、混合。彼輕薄粗暴既慣。欲再導之於眞實良善之途。反不可得。豈非大害乎。故自全體上觀之。學校教育。遠不及家庭教師。爲父兄者。宜何如不惜費用。以求善良之家庭教師乎。惜小費以誤子弟。且自貽無窮之憂。是謂大愚。

第三身體之養育　氏又備論體育之要。氏教育論之前十三節。皆關係體育之事也。其開篇卽曰。寄宿於健全身體之健全精神者。於人生之幸福有最單簡最該括之關係。合二者而有之。天下可樂之事。無有過於此者。苟缺其一。種種之事皆不免陷於不幸矣。然則氏之重視體育也如是。氏論體育之法。亦詳細。今日宜採用者不少。錄其犖犖大者如下。

（一）小兒宜令耐寒暑。若溺愛過甚。氣候稍變。卽細心調護之。適足以脆弱其身體耳。

（二）宜用冷水拭其全體。否則亦宜拭其足。

（三）宜令熟遊水之法。又令慣觸室外空氣。

（四）衣服宜寬緩。太暖太窄者有害身體之發育。

（五）肉類及糖類當少與之。生三四年。勿令食肉類。常食時。宜用麪包。

（六）小兒之食。以不規律爲上。因其消化力强也。

（七）未能食堅物時。不可與以『卑羅』酒類更宜禁。

（八）成熟之果。小兒可食者。食前及食時宜用之。

（九）小兒寢興宜早。以養成善良習慣。

（十）小兒消化作用之規律。常宜注意。

（十一）藥劑不宜妄投。

氏更括言之曰。空氣、運動、睡眠、粗食、等之多量。禁止多飲。不服藥劑。不用太暖太窄之衣服。頭部及足令觸外氣。常投其足於冷水或溼氣內。是皆令小兒健全之良法。

第四陸克教育說之批評　氏受自然派之統系。以養成社會有用之人物。（受實際的道德訓練之人物）爲教育主眼。是其第一特質。孟丁等所唱導實際的教育之本義。氏言之更暢。其教育法詳細之點。雖不及鄘美紐司等之精美。然彼以心理之研究。爲教育上之要事。亦吾人所宜記憶者。又今日所謂感情教育。氏雖思想未及。然彼謂教育之法。當依智力發達之順序。先謀感覺之養成。乃漸及抽象的智力。可謂鞏固近世教育法之基礎者矣。

盧梭 Rousseau（一七一二年生）

氏與陸克同受孟丁之影響。更以靈活之論說。闡明教育者也。試讀氏所著書。則知其教育說。直接於陸克者不少。故謂孟丁傳之陸克。陸克又傳之盧梭。亦可陸克所論。公平確實。是其特色。而盧梭所論。則感情的、論爭的、詩的、（詩即詩歌之詩含活潑暢快等意）也。其所以爲感情的論爭的者。一則基於其特質一則爲時勢所影響。

時勢之影響者何。佛蘭西社會之變動是矣。當時宮中及貴族社會。專制奢侈。現象甚腐敗。至路易十四而達於極點。僧侶社會。又沈淪於德義全沒之悲途。事勢有不可爲者。教育事業。久爲僧侶所獨握。但墨守遮西壹德之主義。全國人民。對於守舊之貴族社會僧侶社會。太息痛恨。欲碎舊制而虀粉之。盧梭乘此以誘導國民。其所著書。爲感情的論爭的。故其後終有佛國革命之事。若夫盧梭之爲人。

極感情的也行事純乎天眞爛漫。故其所論又爲詩的。心的生活中有所謂感情焉。與智力、意志相對者也。從來心理學家。皆未之知。故不重感情之敎育。盧梭出。洞見感情之爲重要元素。於是凡百學術。凡百行爲。別開一生面。非特敎育爲然。此一事固後人所當記憶者矣。又其所著書能遺後人以深遠之感化。故爲詩的。

氏著述中有『哀彌爾』Emile（一七六二年發刊）一書。敎育家永宜珍之。全篇皆小說體。假設哀彌爾爲主人。序述其一生所受養育。雖與學者著書有整然之組織者不同。然大哲康德讀之。嗟嘆不置。爲之終夕廢寢。則此書於佛國之勢力何如。於獨逸國之勢力又何如。可想見矣。又敎育學者。如康德巴錫特裴斯塔若藉富列皋羅等。皆感化於此書。則謂盧梭即十八世紀敎育學者之祖亦可。

哀彌爾之大意　氏敎育之意見。全具於此書。此書旣假設哀彌爾爲主人。用小說體序述其一生所受敎育。其所論自近於詩的。未有整然之論斷。不待言矣。請先舉此書全篇之主旨。次及其細點。

此書有一顯然之主旨。即盧梭所見之中樞。亦即盧梭爲人之精神。顯然之主旨者何。謂極純善者人性也。至腐敗者社會也。人宜受純一自然之教化。蓋盧梭深痛當時社會之腐敗。亟欲誘導社會於純善之域。故不識不知之間。至謂社會皆爲弊害所充塞。謂教化本來至善之人性。惟有自然之一法。此即氏教育之主旨。氏以爲本來純善之人。若不受他種妨害。自能完全其發育。教育之作用。即以自然爲標準。順自然之序。除去妨害自然的發達者耳。因此可知教育之事。非以積極的造人。而以消極的助人。社會既充滿弊害。猝投幼童於其渦中。未有不妨其自然的發育者。欲滌此弊。舍自然外更無他術。以自然爲模範而使人發達於其中。教育之本義如是。是盧梭之根本思想。此根本思想貫徹『哀彌爾』之全篇。而爲其骨子也。

『哀彌爾』全書分五卷。第一卷。序哀彌爾幼時之養育。第二卷。序哀彌爾十二歲以前之教育。第三卷。序十二歲至十五歲之教育。第四卷。序十五歲至結婚時之教育。第五卷則專序哀彌爾之妻梭飛阿之教育。以下請述其每卷大意。以揭示盧梭之教育意見。

第一期　最幼之時。全重體育。廢體育而用智育。必害體育之發達。嬰兒墮地後。即不可無體育。最幼時體育之方法。在充足其身體上之要求。身體上之要求。實由生理的發達而來。乃自然之結果。忽視其要求。即忽視體育矣。

第一期體育之主旨。大畧如右。請更述其詳。凡養育幼兒。乃母之義務。不可委於乳母。故慈母可謂幼兒正當之乳母。嚴父則幼兒之師傅也。父自揣不能以正當之方法教育其子。則宜託於師傅。託其子於適當之師傅。神聖之業也。凡嬰兒宜任其所好。使之運動。若束縛其自由。或衣以不寬博之衣。或强縛於一處。皆非所宜。嬰兒啼泣。尤不可忽。彼固接觸乎外界。有所不適。而後如此也。欲全嬰兒自然的發育者宜注意乎是。

哀彌爾無父無母。惟田舍一教師養之。不履不襪。不用燈火。跣足而走。依其本能而步。然未嘗罹疾病。未嘗服醫藥。雖嚴寒。無日不浴冷水。盧梭於是論幼兒之養育法曰。凡養幼兒。宜守下之四條。

第一　凡與幼兒之物。不至生其惡習者。宜令幼兒自由使用。

第二　幼兒身體上之要求。宜使之滿足。

第三　又宜細察其起於自然之要求與否。專由妄想而起者。不自然之要求也。宜禁之。以杜絕將來不德之事。故德育亦萌芽於此。

第四　分別身體上自然之要求與否。既若是重要。故幼兒學言語舉動所訴之要求。皆宜熟察其當否。

母教幼兒以夥多之言語。言語之數。不宜超於思想之數。不觀農夫乎。彼所知之言語。爲數甚少。然富於判斷力者恆多。與其通夥多之言語。而思想駁雜。何如熟知簡少之言語。而判斷明決也。

第二期　幼兒漸長。能言能行能自飲食矣。是爲第二期之教育。此時期在使幼兒隨其所好。漸漸發達。但用消極的以監督之。勿干涉其自由。又勿令幼兒役役於未來之運命。以耗竭思慮。使之樂其所樂可矣。自然者。天所賦與。故幼兒發達。一本乎自然。若妄用干涉主義。豈非妨害其天賦之自由乎。人生最大之幸福。爲能實行其所欲。即意志與實行之合一也。即自由也。自由旣爲人生之最大幸福。教育之本。焉能外此。蓋養成獨立獨行之氣象。即教育之精神。爲幼兒師者。惟當傍觀之而監督其舉動。毋侵佔其自由。或幼兒自由之精神。失之過度。或陷於邪僻。則宜防閑之。防閑非怒詈痛罰之謂。使幼兒自悟其非而已。申言之。即使經驗犯罪所得之痛苦而自悔也。至若鞭撻。至若呵叱。是以教成人者教之。吾懼乎幼兒之不服從也。是故教育者（父母師保皆在其內）宜純取消極的教育。不宜取積極的教育。惟能誘少年於不德。而生非行之惡果者。則注意焉。無他。幼兒本具有可以發達之純性。順幼兒之性。無待勉强。而能使之自然發達者。教育之無上法門也。若是乎教育之法之當爲消極的也。不益明乎。

第二期時。智育之事宜極少。適合於此時期者直接之感覺教育而已。使之認識實物。十分眞確。即爲感覺教育。如語學者置之不教可也。故哀彌爾十二歲而始解一字。凡十二歲以下小兒。教以外國地圖。必無興味。歷史亦然。蓋歷代事變之關係。非小兒所能理解。文學則意義更深。小兒腦力不能任也。是以哀彌爾至十二歲。尙不知書爲何物。彼其教育之全體。純在體育。體育發達。而後能施智育德育。科頭不冠。衣寬緩之衣。渴則飮冷冰。勞則酣睡。非寒暑所能犯。如是而已。彼所學者。語也。歌也。測量也。計算也。畫也。逍遙於自由之天地。以造强健之身體。以造健全之感覺。哀彌爾十二三歲以前之狀態如是。

第三期 哀彌爾既十二三歲矣。然則哀彌爾果何如人乎。哀彌爾確信人也。其胸襟朗如秋月。無纖雲翳之。其談話雖單純而極銳利。其思想雖狹隘而極明斷。雖不諳何物。而經驗甚多。彼以自然爲獨一無二之書。不奴隸於習慣。不崇拜乎古人成說也。舊例也。彼所不取也。言己之所好。行己之所欲。彼所不能理解者。雖强而不爲。唯理解其所能理解者而已。彼實具銳利之眼光者也。故不爲無用之質問。但自繹其理。彼未嘗區務業與遊戲爲二。遊戲即務業。務業即遊戲。走也。飛也。測量距離也。彼所優也。不必誘掖之。彼自爲同輩之先導。而同輩亦不詫之。如是而終其幼兒之生活矣。享其所享之幸福。至十二歲即突然而死。亦復何悲。蓋已全其天賦之小生活也。

自十二歲至十五歲。是爲第三期。當由實行而收獲知識之時代。即接觸自然之事物而受諸般經驗之時代也。夫敎育宜廣乎。宜深乎。宜授諸般之事物而取廣義乎。宜授一事物而取深義乎。是敎育上最切要之問題。盧梭則取後一說。謂一事一物。精密敎授。乃能得深刻之知識。而當逐事敎授時。宜專就直接自然之事物。使少年自悟其理。與其脣焦舌敝而爲再三之瀆。不若使少年自得之經驗也。故盧梭曰。予最惡書。書徒語人以其所不能理解者耳。何如就直接自然之事物。

使少年自悟之於經驗乎。彼少年當讀之書。唯造化耳。當學之事。唯事實耳。師乎師乎。汝弟子之理解力。惟限於其所能見能聞之天地。汝當以造化自然之事物導汝弟子。毋徒掇拾前人之古說先代之蓋例以羈絆之也。

於是哀彌爾受幾何、天文、地理、物理、之實物的教授。或步庭內或遊森林以學地理。或浮人造之鳥於水上以學物理。或用酒以驗化學。或晴夜觀天以尋天文。事事皆得諸實驗。而曾不用書。雖然。盧梭曰。汝強欲用書乎。予有一書。是自然教育之最好書也。哀彌爾所宜先讀者。卽此可驚之書也。此可驚之書爲何。曰『魯賓孫漂流記』。魯賓孫之漂泊於孤島。無同人之補助。無需用之器械。然能保持生計。且得多少娛樂。故此一書最有興味者也。能與少年以種種之娛樂者也。

哀彌爾讀『魯賓孫漂流記』。其結果遂知職業之可貴。且知人生宜治一有用之恆業。於是盧梭更疾呼曰。今也。革命之期近矣。誰乎能卜汝之運命者。凡人所造者。人又能壞之。其不消不滅。獨一無二者。惟有造化印銘之質耳。而造化者。不造君主。不造富人。又不造貴族。彼君主。彼貴族。無何等之業務。無何等之努力。醉生夢死。自速其絕滅耳。職業者。神聖也。產出幸福於社會之原動力也。無職業則懶惰。有職業則勤勉。職業之要。毋俟喋喋。職業中最貴者農業。次則鍛冶。次則木工等。哀彌爾將取何者乎。織工也。石工也。皆緩慢之職業也。煉瓦師也。履師也。亦汚穢之職業也。理髮師也。則又類於風流之奴隸也。木工者。其與哀彌爾最適宜乎。故强健銳敏之哀彌爾。於第三期時。練習木工之業。

第四期　自十五歲達於丁年。是爲第四期。諸情欲勃興之時期也。此時期以德育爲主。又眞正之教育。亦始於此時期。凡一切情欲。以私欲爲其中樞。使適當而發達之。夫亦何害。雖然。私欲常轉爲醜情。故駕御情欲。使軌於道。即教育之骨髓。然欲駕御情欲。宜使之觀察社會之狀態。知社會眞實之狀態。然後知處置一身之必要也。歷史者。最能晰示人類興亡之跡。適合於此時期之少年。此時期之少年。又宜通宗教大體。但不可偏於一黨一派。又文學及演劇。亦能養少年之嗜好。

第四期教育之要旨大概如此。下更詳叙之。

哀彌爾至十五歲。果爲何如人乎。彼從來之成就。既如前所述。則其蘊蓄之知識固甚少。雖然。其所知者必知之甚確。且彼亦自知不知之事物尚多也。彼實具快活、聰明、從順、之心者也。彼未知歷史之爲何。與哲學道德之爲何。彼雖知人與物之關係。而未知人與人道德之關係。彼雖勤勉温順。而又有確乎不拔之精神。夫死生大矣。然彼知死之爲何。可以死則不妨從容就之也。哀彌爾十五歲以前所享之幸福如此。此後之教育如何。

自十五歲至二十歲。此時期之哀彌爾。胸中忽感諸情欲之勃興。眞正之教育當始於此。時夫鬱勃之感情。不宜妄拘束之。雖然。任其汎濫。恐不軌於正。故宜誘之掖之。振起其智慧之快力。以割除其邪念。此時又宜教以重要之二事。一箇人與箇人之眞關係。二應於自然之境遇而制御情欲之發動。其教之也。有適當之方法三。

(第一)使少年觀察社會。與其觀察社會光明之處。毋寧使觀察暗黑之處。何也。見人幸福之勝於己者。而生歆羨心。不若注眼於幸福之不如己者。而生悚懼心。庶不至躭慕榮華。養成仰俯隨人之劣根性也。且洞燭他人陷於不幸之理由。憐恤之心。亦油然生矣。

(第二)見人之不幸。自信不至如是者。人之恆情也。雖然。善教育者。毋使自視過高。宜令憐恤他人之不幸。惕然於境遇之困人。而常存一我亦安知不如是之思想。斯爲善教育矣。

(第三)憎人之不幸。因而幷憎其人。此亦少年之恆情。雖然。最可貴者人類也。雖沉淪於罪惡。亦不可輕侮。宜令少年對於社會各人。皆表其同情。因使確知己與社會之關係。

使少年觀察社會時。更有宜注意者一事。凡人因比較人我之故。每有排制他人而惟我獨尊之傾向。夫一切情慾。皆源於私欲。人生即具私欲。終其身不能離。故謂私欲爲一切情慾之源。一切情慾不過爲一私欲之變相。亦無不可。苟能善制其私欲。私欲何足爲惡。利已者愛之。害已者憎之。未嘗悖於理也。雖然。以但知有我之故。而損人利已。不免爲私欲之奴隷矣。是宜防之。防之之道奈何。盧梭曰。哀彌爾亦觀察社會之全體乎。且通徹人生之骨髓。瞭然於人生眞實之精神乎。人生自然之狀態。純然可愛潔淨無瑕者也。今乃以利已之故。而排斥他人。試一自省。未有不爽然若失者。特沈溺於腐敗之社會。而未得其眞相。故末由自拔也。夫欲通社會之眞相。其術安在。盧梭則以歷史爲最善。其言曰。但觀現實之社會。而不觀歷史。於人類一切行爲之動機。仍不能知其詳。欲詳知人類一切行爲之因果。莫如歷史。爲師者。不必遽下論斷。宜使少年自玩味歷史中盛衰興亡之事。而興起其感情焉。此哀彌爾所以能得諸經驗。確知本來人類之可愛腐敗社會之可憎。

最後之制御情欲。而最有力者。宗教思想之涵養也。哀彌爾至十八歲。尚未受宗教之教授。何以故。盧梭以爲未及期故。宗教者。宜合於奉教人理性之判斷。由理性之判斷而選擇之。若使不通世事及判斷力未確實之少年。妄談宗教。必無成效。徒增其妄想耳。所選擇之宗教。合於其理性。乃能達其應達之目的。第四期之哀彌爾可與言宗教者矣。然則何以涵養其思想無他。示以宗教之大體。使自定棄取。不以偏於一黨派者授之而已。

惟如是情欲發動之第四期。當由道德的訓練。以琢磨人品。又不可不讀書。且不可不養嗜好。故哀彌爾既盡力於歷史雄辯種種之學。又時行劇場。以涵養優美之嗜好。蓋第四期乃陶冶品性與勉學之時期也。

哀彌爾之第五卷　此卷專述哀彌爾之妻梭飛阿之教育。謂此卷即盧梭所著之女子教育。亦無不可。盧梭視女子頗輕。其言曰。女子特爲奉事男子而生者耳。養兒慰夫。保護老人。是女子職務。全其固有之温順。而以優美爲極致。斯可矣。然則盧梭之視女子教育也。謂此特所以奉事男子耳。哀彌爾之妻梭飛阿自幼習音樂裁縫。又以宗教養其高雅之感情。至讀書則以爲不必嗜博。能通世事已足。要盧梭飛阿之教育。非梭飛阿箇人完全之教育。不過女子可爲人妻之教育耳。謹愼禮儀。注意裝飾。使人愛之親之。是梭飛阿所學之課目。至婚姻之禮。盧梭頗取自由主義。哀彌爾與梭飛阿乃理想之男女自由結婚者也。

哀彌爾之概評　現『哀彌爾』之大要。而盧梭教育說之綱領可知矣。就全體論之。『哀彌爾』可謂眞僞參半珍奇之教育論也。彼其誤謬偏頗愈大。而眞理奇想亦愈大。今先論此書之眞價。夫古來器械的教育。虛僞冷淡。無活動。無精神。而『哀彌爾』能一掃空之。直探人心之奧。活潑自在。以陶冶品性。爲教育之骨髓。其可貴者在此。至其誤謬之最甚者。如以教育全爲消極的。而非積極的。蓋教育之要具。人爲也。自然也。今盧梭排斥人爲。惟取自然。然則人性果本來至善乎。果不用人爲的掖助而自然能發達於正道乎。是可疑之問題也。盧梭以嫉世過甚。故忘積極之教育。而單取消極的教育。宜其持論之偏宕矣。

此外。如欲強固其敎育之効力。因而狹隘其敎育之範圍。亦一大缺點。至敎授法之細目。遺憾亦多。雖曰順少年之性情。不得不爾。然其瑕不可掩也。裴司塔若藷評『哀彌爾』曰。到底不可實行。其謂是乎。

近代前半期敎育說變遷之摘要

近世紀前半期敎育說變遷之大要。已述如上。請撮言其大體之傾向。當宗敎改革前後。一切敎育說。多反抗古來不法之敎育而起。欲輸入希臘拉丁之文化。次有文藝敎育。文藝敎育。惟以希臘拉丁文字。養高雅之人品。其弊漸流於死學。於是倍根拉支希孟丁諸人出。以其偏於文而離於質。無小益而有大害。輒反對之。而唱歸納的方法。以經驗爲基。如孟丁唱自然派之敎育說。廓美紐司唱現實派之敎育說。而最近代敎育之基礎立矣。陸克更以理論的整頓孟丁之說。盧梭更以詩的表章之。十九世紀敎育之基礎。至是益固。此三四百年間敎育變遷之大概也。雖遞變遞嬗。雜然不齊。然其由粗而精。由虛而實。則與他種歷史之推移同出一轍矣。

教育學史上卷終

光緒二十九年正月十五日印刷
光緒二十九年二月初十日發行

（實價大洋四角）

著者 日本金子馬治
譯者 順德陳宗孟
上海英界大馬路同樂里
印刷所 廣智書局活版部
上海英界大馬路同樂里
總發行所 廣智書局
上海英界四馬路東首
賣捌所 日本新民叢報支店

教育學史上